너랑 나랑 한국어 2-A

2015년 12월 15일 초판 발행
2022년 2월 2일 3쇄 발행

지 은 이 | 유소영·고유리·이연주·유선주·서민정
감　　수 | 한정한
펴 낸 이 | 김수복
기　　획 | 김남필
제　　작 | 성두현
편　　집 | 김민배
펴 낸 곳 | NOSVOS
삽　　화 | 최지우·신주영
디 자 인 | 지댄피
디자이너 | 방인구
등　　록 | 1968. 2. 27 : No. 제03-00095호
주　　소 | 경기도 용인시 수지구 죽전로 152번지
전　　화 | 031-8005-2404~5
팩　　스 | 031-8021-7154

값 16,000원

ISBN 978-89-7092-556-1 03710
978-89-7092-514-1 (세트)

• 'NOSVOS'는 라틴어 'Nos(우리가)'와 'Vos(당신을)'의 합성어로
지혜로운 삶을 지향하는 분들에게 유익한 도서를 펴내겠다는 의지를 담고 있습니다.

듣기 자료는 단국대학교 출판부 홈페이지(http://cms.dankook.ac.kr/web/dkup)
"커뮤니티→MP3자료실"에서 다운로드 가능합니다.

저자의 말 *

최근 한국어 교육계에서는 어떻게 하면 교육 현장에서 교사와 학습자에게 모두 도움이 되는 교재를 개발할 수 있을까 하는 문제에 대해 많은 연구를 해 오고 있습니다. 이와 같은 흐름에 발맞추어 이번에 단국대학교 국제교육센터에서는 『너랑 나랑 한국어』를 발간하게 되었습니다. 이 책은 한국어 교육 현장의 한국어 교사들과 한국어를 공부하고자 하는 외국인 학습자를 대상으로 한 의사소통 중심 통합 교재입니다.

『너랑 나랑 한국어』는 말하기, 듣기, 읽기, 쓰기의 기능을 한 권에 담은 통합형 교재입니다.

이 책은 한글의 자모 제시 순서를 기존의 교재와 달리 교사가 학습자에게 발음하는 방법을 보여주기 쉬운 순서로 배치하여 제시하였으며, 한국어의 기초적인 어휘와 문법을 익히고 다양한 연습을 통해 자기소개하기, 물건사기 등의 의사소통 과제를 해결하는 능력을 기를 수 있도록 구성하였습니다.

또한, 어휘는 학습자들이 각각의 어휘가 속한 품사와 의미 그룹을 이해할 수 있도록 제시하고, 2권부터는 추상적인 의미가 많아지므로 어휘의 의미는 영어로 제시하였습니다. 문법은 형태 연습과 회화 연습을 함께 제시하여 한국어의 문법 항목들을 적절히 사용할 수 있도록 충분한 연습과 활용을 제공하였습니다. 또한 의사소통 과제를 해결하는 다양한 말하기, 듣기, 읽기, 쓰기 활동을 제공하여 학습자들이 생생한 한국어로 자신의 이야기를 표현할 수 있도록 구성하였습니다.

이 책은 1권에 이어 STUDY(활용)로 구성되어 있습니다. 각 과는 가족 소개하기, 물건 비교하기, 사람 묘사하기, 제인하기 등의 의사소통 과제별로 구성하여 말히기, 듣기, 읽기, 쓰기를 통합적으로 익힐 수 있도록 제시하였습니다.

이 작업은 5명의 필진이 지난 10여 년의 한국어 교육 현장 경험을 바탕으로 학습자가 차근차근 쉽게 이해하고 습득해 갈 수 있는 교재를 만들고자 하는 마음에서 출발하였습니다. 이 책의 편찬 기간은 2012년 5월부터 2015년 8월까지 총 40개월이 소요되었습니다. 집필을 기획하는데 6개월이 걸렸고 교재를 구성하는 틀을 짜는 데에 6개월, 초고 집필에 12개월이 걸렀습니다. 이를 다시 검토하고 수정하는 데에 14개월이 길렸습니다. 기획과 감수는 국어국문학과의 한정한 교수가 맡아 주셨고, 각 권은 책임 필자를 두어 1권 유소영, 2권 고유리, 3권 유선주, 4권 이연주, 서민정이 책임 집필하였습니다.

끝으로 이 원고가 세상에 빛을 볼 수 있도록 이끌어 주신 단국대학교 장호성 총장님, 김병량 부총장님, 이재동 국제처장님을 비롯한 국제처의 모든 식구들께 감사드립니다. 또한, NOSVOS 편집실 송덕익 팀장님 등 편집진과 예쁜 삽화를 그려준 신주영, 최지우 그리고 지댄피 디자인팀 여러분께도 감사드립니다. 마지막으로 비쁜 시간을 쪼개어 꼼꼼히 읽어 준 국제교육센터 한국어 선생님들과 긴 시간 기꺼이 아내와 엄마와 딸을 허락해 주신 필진의 가족들 모두 사랑합니다.

2015년 초겨울에

유소영, 고유리, 이연주, 유선주, 서민정

교재 사용법

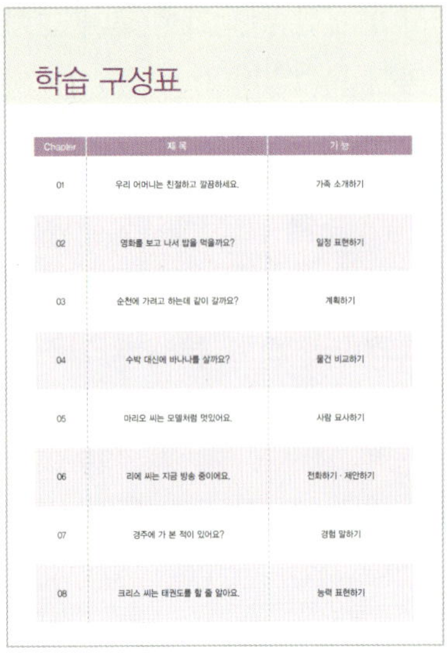

학습 구성표

Chapter	제 목	기 능
01	우리 어머니는 친절하고 깔끔하세요.	가족 소개하기
02	영화를 보고 나서 밥을 먹을까요?	일정 표현하기
03	순천에 가려고 하는데 같이 갈까요?	계획하기
04	수박 대신에 바나나를 살까요?	물건 비교하기
05	마리오 씨는 모델처럼 멋있어요.	사람 묘사하기
06	리에 씨는 지금 방송 중이에요.	전화하기 · 제안하기
07	경주에 가 본 적이 있어요?	경험 말하기
08	크리스 씨는 태권도를 할 줄 알아요.	능력 표현하기

1. 학습 구성표

각 과의 기능과 문법, 어휘와 표현을 하나의 표로 제공하여 학습자들이 이 책에서 배우는 내용을 한 눈에 파악할 수 있도록 배려했습니다.

2. 들어가기

각 과의 학습목표와 어휘, 문법 항목들을 제시하였습니다. 그리고 각 과의 중요한 표현을 대화로 제시하여 어떤 상황에서 사용하는지 실제 사례를 보여 학습 동기를 높였습니다.

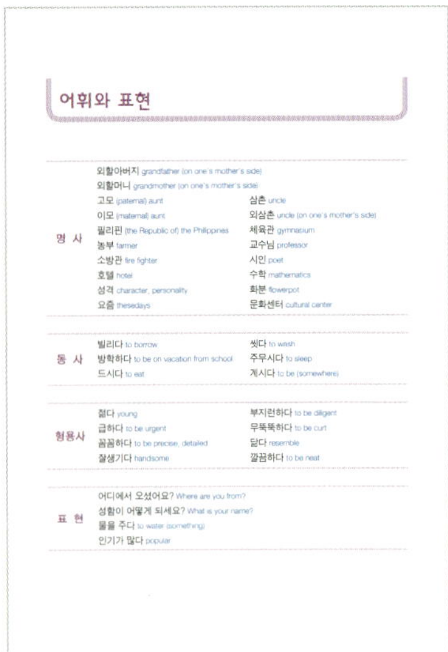

어휘와 표현

명 사	외할아버지 grandfather (on one's mother's side)	
	외할머니 grandmother (on one's mother's side)	
	고모 (paternal) aunt	삼촌 uncle
	이모 (maternal) aunt	외삼촌 uncle (on one's mother's side)
	필리핀 (the Republic of) the Philippines	체육관 gymnasium
	농부 farmer	교수님 professor
	소방관 fire fighter	시인 poet
	호텔 hotel	수학 mathematics
	성격 character, personality	화분 flowerpot
	요즘 thesedays	문화센터 cultural center
동 사	빌리다 to borrow	씻다 to wash
	방학하다 to be on vacation from school	주무시다 to sleep
	드시다 to eat	계시다 to be (somewhere)
형용사	젊다 young	부지런하다 to be diligent
	급하다 to be urgent	무뚝뚝하다 to be curt
	꼼꼼하다 to be precise, detailed	닮다 resemble
	잘생기다 handsome	깔끔하다 to be neat
표 현	어디에서 오셨어요? Where are you from?	
	성함이 어떻게 되세요? What is your name?	
	물을 주다 to water (something)	
	인기가 많다 popular	

3. 어휘와 표현

각 과에 나오는 어휘를 명사, 동사, 형용사, 표현으로 분류하여 제시하였습니다. 「너랑나랑 한국어 1」에서는 그림과 함께 제하하였는데 추상적인 의미가 많아지는 2권에서는 단어의 의미를 영어로 제시하였습니다.

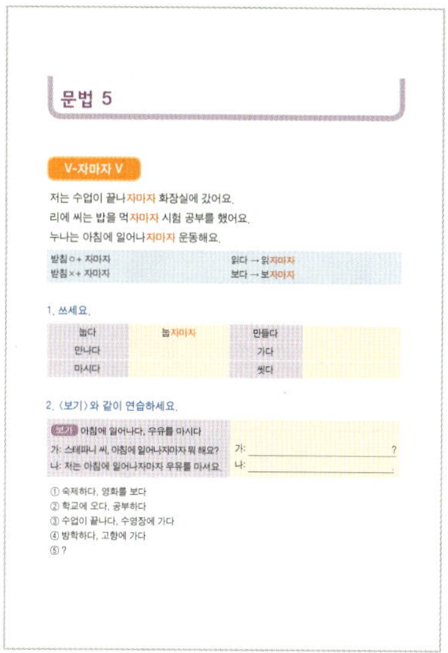

문법 5

V-자마자 V

저는 수업이 끝나자마자 화장실에 갔어요.
리에 씨는 밥을 먹자마자 시험 공부를 했어요.
누나는 아침에 일어나자마자 운동해요.

받침 ○ + 자마자 받침 × + 자마자	읽다 → 읽자마자 보다 → 보자마자

1. 쓰세요.

눕다	눕자마자	만들다	
만나다		가다	
마시다		씻다	

2. 〈보기〉와 같이 연습하세요.

보기 아침에 일어나다, 우유를 마시다 가: 스테파니 씨, 아침에 일어나자마자 뭐 해요? 나: 저는 아침에 일어나자마자 우유를 마셔요.	가: ______? 나: ______.

① 숙제하다, 영화를 보다
② 학교에 오다, 공부하다
③ 수업이 끝나다, 수영장에 가다
④ 방학하다, 고향에 가다
⑤ ?

4. 문법

각 과에서 배워야 할 문법을 예문을 통해 의미를 제시하고 형태 연습과 회화 연습을 함께 제시하였습니다. 이는 한국어의 문법 항목들이 가지는 의미와 형태의 변화를 연습하게 하고 적절히 사용할 수 있도록 충분한 연습과 활용을 제공하기 위한 것입니다.

5. 말하기

각 과에서 학습한 어휘와 문법 항목들을 활용하여 의사소통 과제를 해결하는 다양한 활동을 제공하였습니다. 이를 통해 학습자들은 좀 더 생생한 한국어 말하기 능력을 키울 수 있을 것입니다.

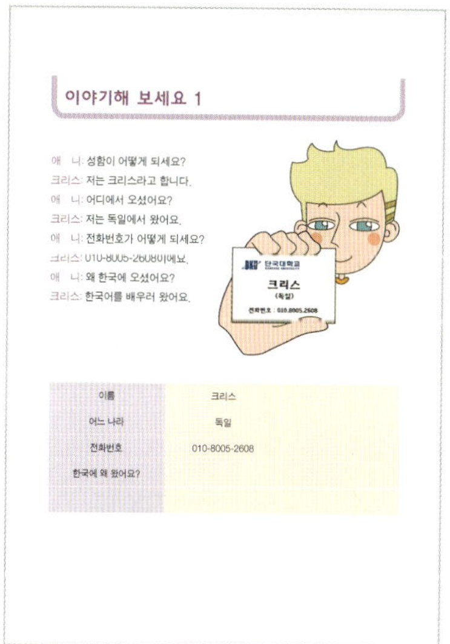

이야기해 보세요 1

애 니: 성함이 어떻게 되세요?
크리스: 저는 크리스라고 합니다.
애 니: 어디에서 오셨어요?
크리스: 저는 독일에서 왔어요.
애 니: 전화번호가 어떻게 되세요?
크리스: 010-8005-2608이에요.
애 니: 왜 한국에 오셨어요?
크리스: 한국어를 배우러 왔어요.

이름	크리스
어느 나라	독일
전화번호	010-8005-2608
한국에 왜 왔어요?	

듣기

1. 잘 듣고 맞으면 ○, 틀리면 × 하세요.

① 리우팅 씨의 가족은 모두 6명이에요. ( )
② 아버지는 아침에 일어나자마자 공원에서 운동하세요. ( )
③ 누나는 집에 오자마자 과일을 먹어요. ( )

2. 빈 칸에 쓰세요.

가족	직업	성격
할아버지		급하시다
할머니		부지런하시다
아버지	의사	
어머니		꼼꼼하고 깔끔하시다

3. 여러분은 아침에 일어나자마자 뭐 해요?

6. 듣기* / 읽기 / 쓰기

듣기와 읽기는 각 과에서 배운 내용을 머릿속에 정리하고 확인하는 역할을 합니다. 쓰기는 말하기, 듣기, 읽기 등의 활동을 통해 습득된 내용을 바탕으로 학습자 자신의 이야기를 문장으로 표현하는 연습을 할 수 있습니다.

* 듣기 자료는 단국대학교 출판부 홈페이지(http://cms.dankook.ac.kr/web/dkup) "커뮤니티→MP3자료실"에서 다운로드 가능합니다.

등장인물

스테파니

리에

애니

최지영

크리스

마리오

리우팅

토린

목 차

학습 구성표

Chapter	제 목	기 능
01	우리 어머니는 친절하고 깔끔하세요.	가족 소개하기
02	영화를 보고 나서 밥을 먹을까요?	일정 표현하기
03	순천에 가려고 하는데 같이 갈까요?	계획하기
04	수박 대신에 바나나를 살까요?	물건 비교하기
05	마리오 씨는 모델처럼 멋있어요.	사람 묘사하기
06	리에 씨는 지금 방송 중이에요.	전화하기 · 제안하기
07	경주에 가 본 적이 있어요?	경험 말하기
08	크리스 씨는 태권도를 할 줄 알아요.	능력 표현하기

이 책에서는 어떤 것을 배울까요? 각 과에서 배우는 내용을 하나의 표로 제공하여 한 눈에 파악할 수 있도록 하였습니다.

너랑 나랑 한국어 2-A

문 법	어휘와 표현
N 명, N 사람, N 분 / N에서 오다 / N(이)라고 하다 / N에 V-(으)러 가다/오다/다니다 / V-자마자 V / N께, N께서, N께서는 / A/V-(으)시다, N(이)시다	가족, 직업, 성격
V-고 나서 / V-기 전에 / V-아/어 가다/오다 / 날짜, N짜리, N 번째 / N 동안, V-는 동안 / V-아/어 놓다/두다	날짜, 생일
N(이)랑 / N밖에 / V-는데, A-(으)ㄴ데, N인데 / V-(으)려고 하다 / N(이)나 / V-기(가) A	계획, 여행
N에 비해서 / N마다 / N만 / A/V-아/어야 하다/되다 / V-는 대신(에), A-(으)ㄴ 대신(에), N 대신(에) / V-(으)ㄴ N	쇼핑, 생활
N처럼 / V-고 있다 / A-아/어 보이다 / A/V-아/어서 그렇다	무늬, 색깔, 착용 동사
V-는 중이다, N 중이다 / V-(으)ㄹ 생각이다 / V-나요?, A-(으)ㄴ가요?, N인가요? / V-(으)ㄹ N	전화, 메모
A/V-아/어서 큰일이다 / V-(으)면 되다 / V-아/어 보다 / V-(으)ㄴ 적이 있다/없다	여행, 생활
V-(으)ㄹ 줄 알다/모르다 / V-(으)ㄹ래요 / A/V-(으)면 A/V-(으)ㄹ수록 / V-게 되다	대학 생활

일러두기*

STUDY에서는 한국어의 일상적인 어휘와 문법을 익히고 다양한 연습을 통해 가족 소개하기, 물건 비교하기 등의 의사소통 과제를 해결하는 능력을 기를 수 있도록 구성하였습니다. 문법에서 기호 N은 명사, A는 형용사, V는 동사를 가리킵니다.

너랑 나랑 한국어 2-A

STUDY

memo*

01 우리 어머니는 친절하고 깔끔하세요.

- **학습목표** : 가족 소개하기
- **어　　휘** : 가족, 직업, 성격
- **문　　법** : N 명, N 사람, N 분 / N에서 오다 / N(이)라고 하다 / N에 V-(으)러 가다/오다/다니다 / V-자마자 V / N께, N께서, N께서는 / A/V-(으)시다, N(이)시다

토　린: 스테파니 씨, 가족이 몇 분이세요?

스테파니: 우리 가족은 모두 5명이에요.

토　린: 어머니는 어떤 분이세요?

스테파니: 우리 어머니는 친절하고 깔끔하세요.

어휘와 표현

명 사

외할아버지 grandfather (on one's mother's side)
외할머니 grandmother (on one's mother's side)

고모 (paternal) aunt	삼촌 uncle
이모 (maternal) aunt	외삼촌 uncle (on one's mother's side)
필리핀 (the Republic of) the Philippines	체육관 gymnasium
농부 farmer	교수님 professor
소방관 fire fighter	시인 poet
호텔 hotel	수학 mathematics
인기 popularity	성격 character, personality
화분 flowerpot	외모 appearance
문화센터 cultural center	요즘 thesedays

동 사

빌리다 to borrow	씻다 to wash
방학하다 to be on vacation from school	주무시다 to sleep
드시다 to eat	계시다 to be (somewhere)

형용사

젊다 young	부지런하다 to be diligent
급하다 impetuous	무뚝뚝하다 to be curt
꼼꼼하다 to be precise, detailed	닮다 resemble
잘생기다 handsome	깔끔하다 to be neat
똑똑하다 be smart	

표 현

어디에서 오셨어요? Where are you from?
성함이 어떻게 되세요? What is your name?
물을 주다 to water (something)

최지영 씨의 가족

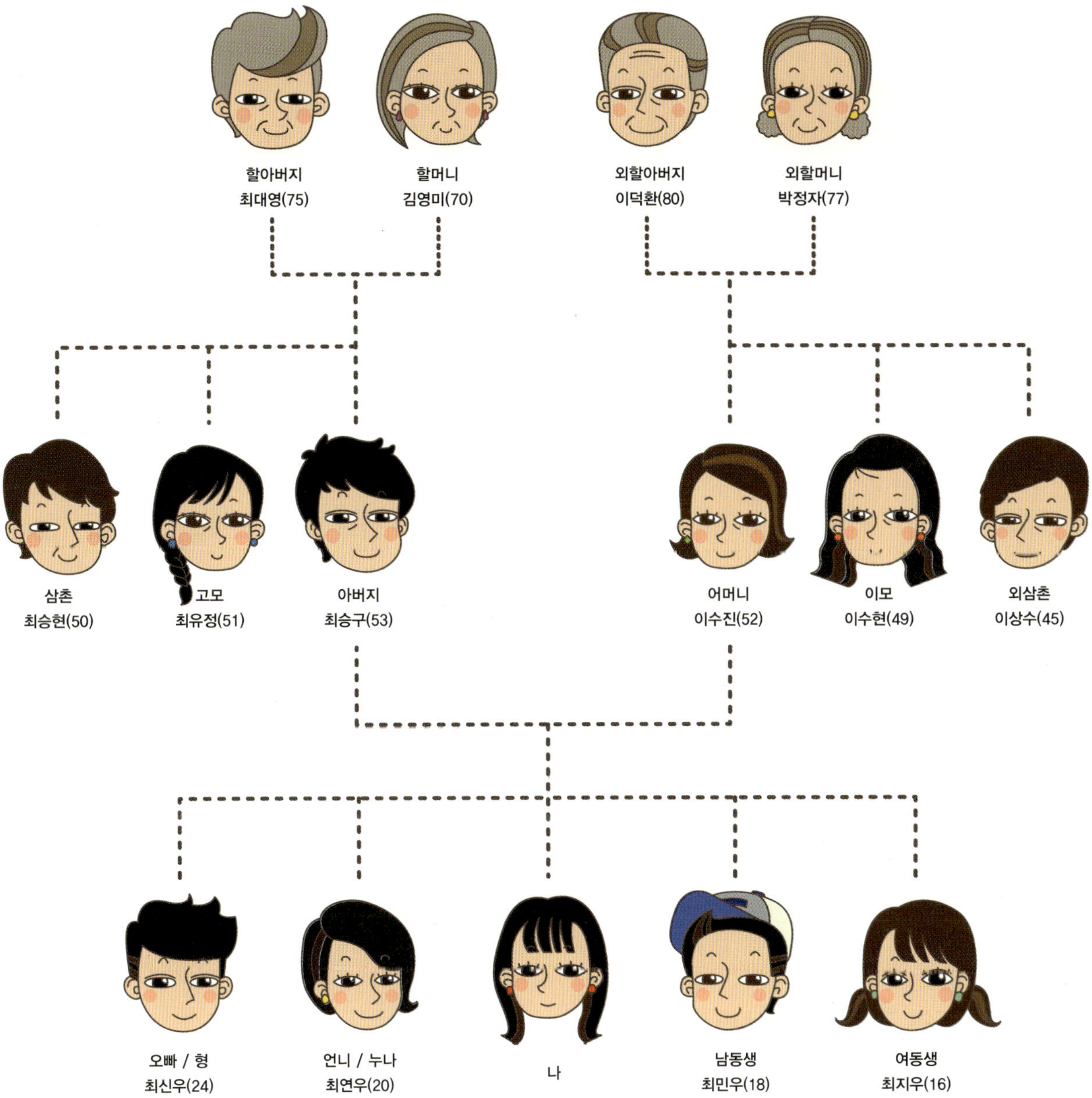
할아버지
최대영(75)
할머니
김영미(70)
외할아버지
이덕환(80)
외할머니
박정자(77)
삼촌
최승현(50)
고모
최유정(51)
아버지
최승구(53)
어머니
이수진(52)
이모
이수현(49)
외삼촌
이상수(45)
오빠 / 형
최신우(24)
언니 / 누나
최연우(20)
나
남동생
최민우(18)
여동생
최지우(16)

문법 1

N 명, N 사람, N 분

1	2	3	4	5	6	7
한 명	두 명	세 명	네 명	다섯 명	여섯 명	일곱 명
8	9	10	11	12	…	?
여덟 명	아홉 명	열 명	열한 명	열두 명	…	몇 명

1	2	3	4	5	6	7
한 사람	두 사람	세 사람	네 사람	다섯 사람	여섯 사람	일곱 사람
8	9	10	11	12	…	?
여덟 사람	아홉 사람	열 사람	열한 사람	열두 사람	…	몇 사람

1	2	3	4	5	6	7
한 분	두 분	세 분	네 분	다섯 분	여섯 분	일곱 분
8	9	10	11	12	…	?
여덟 분	아홉 분	열 분	열한 분	열두 분	…	몇 분

2. 〈보기〉와 같이 연습하세요.

보기 가족/5 가: 스테파니 씨, 가족이 몇 분이에요? 나: 우리 가족은 다섯 명이에요.	가: ____________________? 나: ____________________.

① 마리오/8
② 애니/3
③ 크리스/6
④ 토린/12
⑤ ?

문법 2

N에서 오다

안녕하세요. 저는 스테파니예요. 호주에서 왔어요.

저는 마리오입니다. 멕시코에서 왔습니다.

제 이름은 크리스예요. 독일에서 왔어요.

1. 쓰세요.

미국	미국에서 오다	일본	
사우디아라비아		페루	

2. 〈보기〉와 같이 연습하세요.

보기 호주 가: 스테파니 씨, 어디에서 오셨어요? 나: 저는 호주에서 왔어요.	가: ________________? 나: ________________.

① 중국 ② 프랑스

③ 필리핀 ④ 독일

⑤ ?

문법 3

N(이)라고 하다

안녕하세요? 저는 마리오라고 합니다.
이 친구는 리우팅이라고 합니다.
이것은 한국말로 거울이라고 해요.

받침 ○ + 이라고	토린 → 토린이라고 하다
받침 × + 라고	커피 → 커피라고 하다

1. 쓰세요.

토린	토린이라고 하다	휴대폰	
스테파니		샤프	

2. 〈보기〉와 같이 연습하세요.

보기 크리스

가: 실례지만, 성함이 어떻게 되세요?
나: 저는 크리스라고 합니다.

가: ______________________________?
나: ______________________________.

① 리에　② 리우팅　③ 마리오　④ 스테파니　⑤ ?

3. 〈보기〉와 같이 연습하세요.

보기 

가: 이것은 한국어로 뭐라고 해요?
나: 그것은 한국어로 풍선이라고 해요.

가: ______________________________?
나: ______________________________.

① 　② 　③ 

④ 

⑤ ?

문법 4

N에 V-(으)러 가다/오다/다니다

저는 제주도에 사진을 찍으러 갔어요.

마리오 씨는 한국에 한국어를 공부하러 왔어요.

저는 요즘 체육관에 태권도를 배우러 다녀요.

받침○+ 으러 가다/오다/다니다	먹다 → 먹으러 가다/오다/다니다
받침×+ 러 가다/오다/다니다	만나다 → 만나러 가다/오다/다니다
받침 ㄷ→ㄹ +으러 가다/오다/다니다	듣다 → 들으러 가다/오다/다니다
받침 ㄹ + 러 가다/오다/다니다	만들다 → 만들러 가다/오다/다니다
받침 ㅂ→우 +러 가다/오다/다니다	줍다 → 주우러 가다/오다/디니디

1. 쓰세요.

읽다	읽으러 가다/오디/다니다	받다	
보나		싣다	
가르치다		바꾸다	

2. 〈보기〉와 같이 연습하세요.

보기	
커피숍, 친구를 만나다 가: 스테파니 씨, 지금 어디에 가요? 나: 커피숍에 친구를 만나러 가요.	가: ____________________? 나: ____________________.

① 백화점, 구두를 사다

② 도서관, 책을 빌리다

③ 식당, 밥을 먹다

④ 사무실, 선생님을 만나다

⑤ ?

이야기해 보세요 1

애　니: 성함이 어떻게 되세요?
크리스: 저는 크리스라고 합니다.
애　니: 어디에서 오셨어요?
크리스: 저는 독일에서 왔어요.
애　니: 전화번호가 어떻게 되세요?
크리스: 010-8005-2608이에요.
애　니: 왜 한국에 오셨어요?
크리스: 한국어를 배우러 왔어요.

이름	크리스	
어느 나라	독일	
전화번호	010-8005-2608	
한국에 왜 왔어요?		

문법 5

V-자마자 V

저는 수업이 끝나자마자 화장실에 갔어요.
리에 씨는 밥을 먹자마자 시험 공부를 했어요.
누나는 아침에 일어나자마자 운동해요.

받침 ○ + 자마자	읽다 → 읽자마자
받침 × + 자마자	보다 → 보자마자

1. 쓰세요.

눕다	눕자마자	만들다	
만나다		가다	
마시다		씻다	

2. 〈보기〉와 같이 연습하세요.

보기 아침에 일어나다, 우유를 마시다 가: 스테파니 씨, 아침에 일어나자마자 뭐 해요? 나: 저는 아침에 일어나자마자 우유를 마셔요.	가: ______________________? 나: ______________________.

① 숙제하다, 영화를 보다
② 학교에 오다, 공부하다
③ 수업이 끝나다, 수영장에 가다
④ 방학하다, 고향에 가다
⑤ ?

문법 6

N께

저는 어머니께 편지를 썼어요.
동생은 할아버지께 커피를 드려요.

N께서

할아버지께서 TV를 보고 있어요.
교수님께서 매일 저녁 9시에 퇴근해요.

N께서는

할아버지께서는 매일 아침에 산책해요.
할머니께서는 매일 화분에 물을 줘요.

1. 쓰세요.

어머니	어머니께	어머니께서	어머니께서는
할아버지			
부모님			
선생님			
교수님			

문법 7

A/V-(으)시다 / N(이)시다

할아버지께서 아침에 신문을 읽으세요.

어머니께서는 친절하세요.

우리 아버지께서는 소방관이세요.

받침 ㅇ + 으시다 — 읽다 → 읽으시다

받침 × + 시다 — 보다 → 보시다

받침 ㄷ → ㄹ + 으시다 — 듣다 → 들으시다

받침 ㄹ → × + 시다 — 만들다 → 만드시다

받침 ㅂ → 우 + 시다 — 줍다 → 주우시다

☆먹다/마시다 → 드시다 ☆자다 → 주무시다 ☆있다 → 계시다

1. 쓰세요.

읽다	읽으시다	읽으세요	읽으셨어요	읽으십니다	읽으셨습니다
가다					
살다					
☆먹다					
☆마시다					
☆자다					
☆있다					
젊다					
예쁘다					
귀엽다					
아버지					
선생님					

2. 〈보기〉와 같이 연습하세요.

보기 할아버지/호텔에서 요리하다 가: 할아버지께서 무슨 일을 하세요? 나: 할아버지께서는 호텔에서 요리하세요.	가: ______________________________? 나: ______________________________.

① 아버지/수학을 가르치다
② 이모/회사에서 일하다
③ 할머니/의사
④ 어머니/화가
⑤ ?

3. 〈보기〉와 같이 연습하세요.

보기 할머니/친절하다 가: 할머니께서 성격이 어떠세요? 나: 할머니께서는 친절하세요.	가: ______________________________? 나: ______________________________.

① 외할아버지/부지런하다
② 할아버지/급하다
③ 아버지/무뚝뚝하다
④ 어머니/꼼꼼하다
⑤ ?

4. 〈보기〉와 같이 연습하세요.

보기 어머니/노래를 배우다 가: 어머니께서 뭐 하셨어요? 나: 어머니께서는 노래를 배우셨어요.	가: ______________________________? 나: ______________________________.

① 고모/쇼핑하다
② 외삼촌/사진을 찍다
③ 외할머니/여행을 다니다
④ 교수님/책을 만들다
⑤ ?

이야기해 보세요 2

보기

스테파니: 토린 씨, 가족이 몇 분이세요?

토 린: 우리 가족은 모두 네 명이에요.
아버지와 어머니가 계시고 누나가 한 명 있어요.

스테파니: 아버지께서는 어떤 분이세요?

토 린: 우리 아버지는 키가 크고 친절한 분이세요.

스테파니: 아버지께서는 무슨 일을 하세요?

토 린: 우리 아버지는 소방관이세요.

친구 이름	가 족	외모와 성격	직 업
토린	아버지	키가 크고 친절하다	소방관

본문

리　에: 이 사진은 크리스 씨의 가족사진이에요?
크리스: 네, 우리 가족사진이에요.
리　에: 가족이 많네요! 이 분은 할아버지세요?
크리스: 네, 우리 할아버지께서는 농부시고,
부지런하세요.
리　에: 이 분은 할머니세요?
크리스: 네, 우리 할머니께서는 꽃을 아주 좋아하세요.
그래서 아침에 일어나자마자 화분에 물을 주세요.
리　에: 할머니 뒤에 있는 사람이 누나예요?
크리스: 아니에요. 어머니세요.
리　에: 정말요? 어머니께서 참 젊으시네요!
크리스: 고마워요. 우리 어머니께서는 요즘 문화센터에 피아노를 배우러 다니세요.
리　에: 저도 배우고 싶어요. 어머니 옆에 계신 분은 아버지세요?
크리스: 맞아요. 아버지께서는 회사원이세요. 성격이 급하지만 재미있으세요.
리　에: 이 사람은 형이에요? 형은 크리스 씨와 닮았네요!
크리스: 네, 형과 저는 잘생기고 똑똑해서 친구가 많아요. 하하하.

1. 다음 질문에 답하세요.

① 할아버지께서는 어떤 분이세요?
② 할머니께서는 아침에 일어나자마자 뭐 하세요?
③ 어머니께서는 문화센터에 왜 가세요?
④ 크리스 씨는 누구와 닮았어요?

2. 여러분 가족의 성격은 어때요?

듣기

1. 잘 듣고 맞으면 ○, 틀리면 × 하세요.

① 리우팅 씨의 가족은 모두 6명이에요. (　　)

② 아버지께서는 아침에 일어나자마자 공원에서 운동하세요. (　　)

③ 누나는 집에 오자마자 과일을 먹어요. (　　)

2. 빈 칸에 쓰세요.

가족	직업	성격
할아버지		급하시다, 친절하시다
할머니		부지런하시다
아버지	의사	
어머니		꼼꼼하고 깔끔하시다

3. 여러분은 아침에 일어나자마자 뭐 해요?

읽기

안녕하세요. 저는 스테파니라고 합니다. 호주에서 왔어요.
저는 한국 드라마를 아주 좋아해서 한국어를 배우러 한국에 왔어요.
우리 가족은 모두 다섯 명이에요.
아버지와 어머니가 계시고, 오빠가 한 명, 여동생이 한 명 있어요.

우리 아버지께서는 경찰관이세요. 재미있고 친절하세요.
어머니께서는 선생님이세요. 깔끔하고 부지런하세요.
우리 오빠는 대학생이에요. 수학을 공부하고 있어요. 선생님이 되고 싶어 해요.
오빠는 농구를 잘 해서 인기가 많아요.
여동생은 고등학생이에요. 여동생도 한국 드라마를 아주 좋아해요. 그래서 집에 오자마자 한국 드라마를 봐요.
저는 한국어를 열심히 공부해서 한국 친구를 많이 사귀고 싶어요.

1. 질문에 답하세요.

① 스테파니 씨는 왜 한국에 왔어요?
② 스테파니 씨의 오빠는 어떤 사람이에요?
③ 스테파니 씨의 여동생은 집에 오자마자 뭐 해요?

2. 여러분의 가족은 주말에 보통 뭐 해요?

쓰기

여러분의 가족을 소개해 보세요.

가족사진

한국 문화 이모저모

남편을 뭐라고 부를까요?

한국어에는 다른 사람을 부를 때 사용하는 '호칭어'와 사람이나 물건을 가리킬 때 사용하는 '지칭어'가 있습니다. 호칭어와 지칭어는 결혼을 하면 더 복잡해집니다. 한국 사람들이 결혼을 하면 남편과 아내를 어떻게 부르고 가리키는지 알아 봅시다.

요즘은 아내가 남편을 부를 때 '자기, 여보, 서방님'이라고 부르고, 남편은 아내를 '자기, 여보, 마누라'라고 부릅니다. 아내가 다른 사람 앞에서 남편을 가리켜 말할 때는 '그이, 남편, 신랑, ○○(자식의 이름) 아빠'라고 하며, 남편이 다른 사람에게 아내를 가리켜 말할 때는 '집사람, 안사람, 아내, 와이프, ○○(자식의 이름) 엄마'라고 합니다.

아내가 남편의 부모님을 부를 때는 '아버님'과 '어머님'이라고 부르며, 다른 사람에게 남편의 부모님을 가리켜 말할 때는 '시아버님, ○○(손자의 이름)의 할아버지', '시어머님, ○○(손자의 이름)의 할머니'라고 합니다.

또한 남편은 아내의 아버지를 '아버님, 장인어른', 어머니를 '어머님, 장모님'이라고 부르며, 다른 사람에게 아내의 부모님을 가리켜 말할 때는 '장인어른, 아버님, ○○(손자의 이름)의 외할아버지', '장모님, 어머님, ○○(손자의 이름)의 외할머니'라고 합니다.

02 영화를 보고 나서 밥을 먹을까요?

■ **학습목표** : 일정 표현하기
■ **어　　휘** : 날짜, 생일
■ **문　　법** : V-고 나서 / V-기 전에 / V-아/어 가다/오다 / 날짜 / N짜리 / N 번째 / N 동안, V-는 동안 / V-아/어 놓다/두다

스테파니: 마리오 씨, 우리 언제 점심을 먹어요?
마 리 오: 영화를 보고 나서 밥을 먹을까요?
스테파니: 배가 너무 고프니까 영화를 보기 전에 먹읍시다.
마 리 오: 네, 좋아요.

어휘와 표현

명 사	준비운동 warm-up 접시 dish, plate 줄 string, line, rope 미역국 Miyeokguk, seaweed soup 스카이다이빙 skydiving 남극 the South Pole 평생 lifetime 우주여행 space travel	선물 gift 동전 coin 탈춤 talchum, mask(ed) dance 촛불 candlelight 사막 desert 오로라 aurora 외계인 alien 집들이 house warming(party)
동 사	외우다 to memorize 준비하다 to prepare 모으다 to gather 끄다 to turn off 깜빡하다 forget 죽다 to die 떠나다 leave	가지다 to have, to possess 환전하다 to exchange 회의하다 to have a conference 날다 to fly 출연하다 make an appearance 잊다 forget 예매하다 reserve
형용사	행복하다 be happy	
표 현	배가 고프다 be hungry 마지막 the last USB Universal Serial Bus 아타카마 사막 Atacama Desert 얼마나 How (much)	여보세요 hello (on the phone) GB Giga Byte 뭘 what 이따가 later, after a while

	1	2	3	4	5	…	?
N 권	한 권	두 권	세 권	네 권	다섯 권	…	몇 권

문법 1

V-고 나서

저녁을 먹고 나서 공원에 갈까요?

영화를 보고 나서 백화점에 갈 거예요.

숙제하고 나서 친구를 만났어요.

받침○+ 고 나서	읽다 → 읽고 나서
받침×+ 고 나서	사다 → 사고 나서

1. 쓰세요.

찍다	찍고 나서	쇼핑하다	
배우다		만들다	
만나다		듣다	

2. 〈보기〉와 같이 연습하세요.

보기 숙제하다/산책하다 가: 스테파니 씨, 우리 숙제하고 나서 뭐 할까요? 나: 숙제하고 나서 산책합시다.	가: ______________________? 나: ______________________.

① 점심을 먹다/쇼핑하다

② 드라마를 보다/수영하다

③ 영화를 보다/서점에 가다

④ 청소하다/주스를 마시다

⑤ ?

문법 2

V-기 전에

밥을 먹기 전에 손을 씻어요.

영화를 보기 전에 팝콘을 살까요?

고향에 돌아가기 전에 제주도에 갈 거예요.

받침 ○ + 기 전에	찍다 → 찍기 전에
받침 × + 기 전에	자다 → 자기 전에

1. 쓰세요.

제주도에 가다	제주도에 가기 전에	촛불을 끄다	
구두를 사다		김치를 만들다	
신문을 읽다		친구를 만나다	

2. 〈보기〉와 같이 연습하세요.

보기 한국에 오다/대학교에 다니다 가: 스테파니 씨, 한국에 오기 전에 뭐 했어요? 나: 한국에 오기 전에 대학교에 다녔어요.	가: ____________________? 나: ____________________.

① 샤워하다/신문을 읽다

② 고향에 가다/선물을 사다

③ 수영하다/준비운동을 하다

④ 사막으로 떠나다/지도를 사다

⑤ ?

문법 3

V-아/어 가다/오다

사무실에 와서 학생증을 찾아 가세요.

쇼핑하고 나서 상자에 물건을 넣어 왔어요.

고향에 가기 전에 선물을 사 가고 싶어요.

ㅏ, ㅗㅇ+ 아 가다/오다	받다 → 받아 가다/오다
ㅏ, ㅗ×+ 어 가다/오다	읽다 → 읽어 가다/오다
하다 + 여 가다/오다 → 해 가다/오다	준비하다 → 준비해 가다/오다
ㅣ + 어 가다/오다 → ㅕ 가다/오다	그리다 → 그려 가다/오다
받침 ㅂ → 우 + 어 가다/오다	줍다 → 주워 가다/오다

1. 쓰세요.

만들다	만들어 가다/오다	찍다	
외우다		씻다	
요리하다		모으다	

2. 〈보기〉와 같이 연습하세요.

어제 토린 씨의 집들이를 했어요. 친구들은 무엇을 했어요?

보기 애니/케이크를 사다 가: 애니 씨는 무엇을 준비해 왔어요? 나: 애니 씨는 케이크를 사 왔어요.	가: ____________________? 나: ____________________.

① 스테파니/휴지와 과일을 사다

② 리우팅/불고기를 만들다

③ 마리오/접시를 가지다

④ 리에/카메라를 빌리다

⑤ ?

이야기해 보세요 1

스테파니는 오늘 뭐 해요?

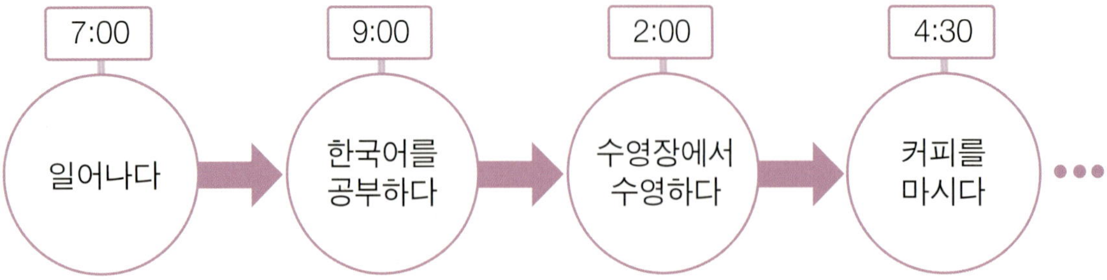

__________ 씨는 오늘 뭐 해요?

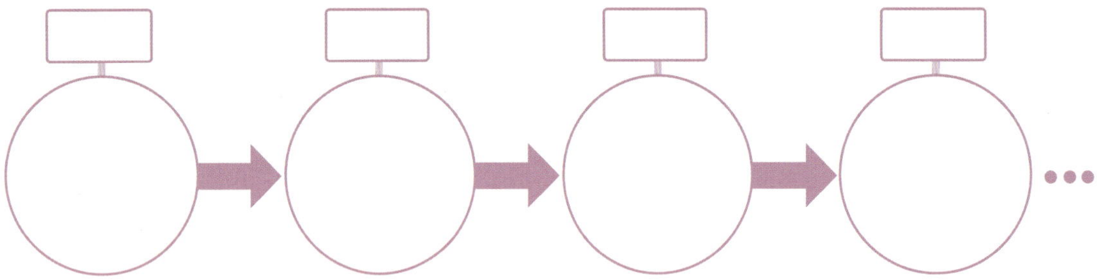

__________ 씨는 오늘 뭐 해요?

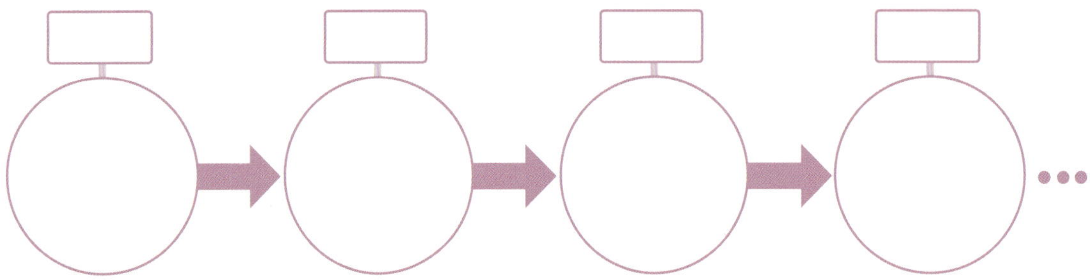

보기

토　　린: 스테파니 씨, 오늘 뭐 해요?
스테파니: 수영장에서 수영해요.
토　　린: 수영하기 전에 뭐 해요?
스테파니: 커피를 마셔요.
토　　린: 수영하고 나서 뭐 할 거예요?
스테파니: 한국어를 공부할 거예요.

문법 4

날짜

1	2	3	4	5	6	7	8	9	10
하루	이틀	사흘	나흘	닷새	엿새	이레	여드레	아흐레	열흘

N짜리

친구는 300원짜리 볼펜을 샀어요.

저는 20분짜리 드라마를 보고 싶어요.

1. 쓰세요.

1000원, 공책	1000원짜리 공책	50원, 동전	
180분, 영화		8GB, USB	

N 번째

올해 생일은 스무 번째 생일이에요.

저는 이 책을 다섯 번째 읽고 있어요.

1	2	3	4	5	6
첫 번째	두 번째	세 번째	네 번째	다섯 번째	여섯 번째
7	8	9	10	…	?
일곱 번째	여덟 번째	아홉 번째	열 번째	…	몇 번째

1. 쓰세요.

23, 생일	스물세 번째 생일	1, 데이트	
100, 영화		5, 줄	

문법 5

N 동안 / V-는 동안

한국은 작년 여름에 한 달 동안 비가 왔어요.

리에 씨는 영화를 보는 동안 팝콘을 먹었어요.

저는 한국에서 사는 동안 제주도를 여행하고 싶어요.

받침○+ 는 동안	듣다 → 듣는 동안
받침×+ 는 동안	자다 → 자는 동안
받침 ㄹ →×+ 는 동안	팔다 → 파는 동안

1. 쓰세요.

하루	하루 동안	두 달	
5분		1년	

읽다	읽는 동안	기다리다	
씻다		만들다	

2. 〈보기〉와 같이 연습하세요.

보기 방학/독일에 여행을 가다 가: 방학 동안 뭐 하고 싶어요? 나: 발리에 여행을 가고 싶어요.	가: ______________________? 나: ______________________.

① 주말/쇼핑하다

② 1년/태권도를 배우다

③ 한국에서 살다/한라산을 등산하다

④ 대학교에 다니다/친구를 많이 사귀다

⑤ ?

문법 6

V-아/어 놓다/두다

스테파니 씨가 어제 영화표를 사 놓았어요.

바지로 치마를 만들어 놓았어요.

쇼핑을 하고 싶어서 한국돈으로 환전해 두었어요.

ㅏ, ㅗ ○ + 아 놓다/두다	받다 → 받아 놓다/두다
ㅏ, ㅗ × + 어 놓다/두다	찍다 → 찍어 놓다/두다
하다 + 여 놓다/두다→ 해 놓다/두다	청소하다 → 청소해 놓다/두다
ㅣ + 어 놓다/두다→ ㅕ 놓다/두다	그리다 → 그려 놓다/두다
받침 ㅂ→우 + 어 놓다/두다	줍다 → 주워 놓다/두다

1. 쓰세요.

열다	열어 놓다/두다	모으다	
빌리다		찾다	
끄다		준비하다	

2. 〈보기〉와 같이 연습하세요.

보기 파티하다/케이크를 만들다 가: 크리스 씨, 파티하기 전에 뭐 할 거예요? 나: 저는 케이크를 만들어 놓을 거예요.	가: ______________________? 나: ______________________.

① 친구가 오다/요리하다

② 회의하다/회의실을 정리하다

③ 여행을 가다/맛있는 음식을 찾다

④ 고향에 가다/비행기표를 예매하다

⑤ ?

이야기해 보세요 2

토　　린: 스테파니 씨, 이번 학기 동안 뭐 하고 싶어요?

스테파니: 저는 탈춤을 배우고 싶어요.

토　　린: 그럼, 방학 동안 뭐 하고 싶어요?

스테파니: 방학 동안 프랑스에 가고 싶어요.

토　　린: 그럼, 한국에서 사는 동안 뭐 하고 싶어요?

스테파니: 한국에서 사는 동안 친구들과 부산에 가고 싶어요.

	스테파니		
이번 학기 동안	탈춤을 배우다		
방학 동안	프랑스에 가다		
한국에 사는 동안	친구들과 부산에 가다		

본문

애　니: 크리스 씨, 어제 스무 번째 생일파티가 어땠어요?
크리스: 정말 재미있었어요. 애니 씨는 왜 안 왔어요?
애　니: 미안해요. 배가 아파서 못 갔어요.
크리스: 정말요? 병원에 갔어요?
애　니: 네, 파티하는 동안 병원에 가고 약도 먹었어요.
병원에 가기 전에 전화 못 해서 미안해요.
크리스: 괜찮아요. 지금은 안 아파요?
애　니: 네, 안 아파요. 그런데 크리스 씨, 어제 뭐 먹었어요?
크리스: 스테파니 씨가 미역국과 불고기를 만들어 와서 같이 먹었어요.
애　니: 그래요?
크리스: 그리고 친구들이 케이크를 사 와서 촛불도 껐어요.
애　니: 우아~부러워요. 파티가 끝나고 나서 뭐 했어요?
크리스: 파티가 끝나자마자 노래방에 갔어요. 사진도 많이 찍었어요.

1. 다음 질문에 답하세요.

① 누구의 생일파티를 했어요?
② 애니 씨는 왜 안 왔어요?
③ 스테파니 씨는 뭘 준비했어요?

2. 여러분은 어떤 생일파티를 하고 싶어요?

듣기

1. 잘 듣고 맞으면 ○, 틀리면 × 하세요.

① 오늘 토린 씨의 생일파티를 해요. (　　)

② 스테파니 씨는 생일파티에 못 가요. (　　)

③ 스테파니 씨는 토린 씨의 생일 선물을 샀어요. (　　)

2. 잘 듣고 질문에 답하세요.

① 스테파니 씨와 리우팅 씨는 몇 시에 만나요?

② 리우팅 씨는 무슨 선물을 사 놓았어요?

3. 여러분은 생일에 무슨 선물을 받고 싶어요?

읽기

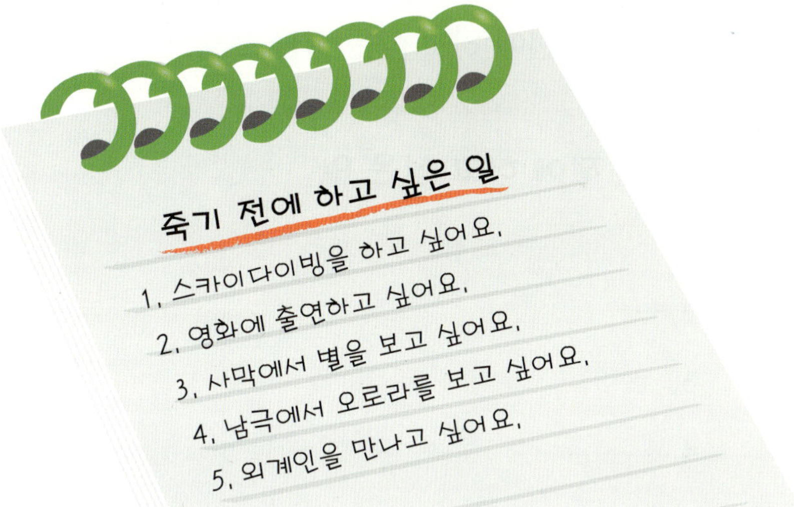

여러분 안녕하세요?
저는 스테파니예요.
저는 죽기 전에 꼭 하고 싶은 일이 있어요.
첫 번째 하고 싶은 일은 스카이다이빙이에요. 하와이의 파란 하늘에서 날고 싶어요.
두 번째는 영화에 출연하고 싶어요. 제가 좋아하는 배우와 함께 영화를 찍으면 얼마나 행복할까요?
그리고 살아가는 동안에 아타카마 사막에서 별을 보고 싶어요. 사막에는 구름이 없어서 매일 예쁜 별들을 볼 수 있을 거예요.
하고 싶은 일이 또 있어요. 남극에서 오로라를 보고 싶어요. 사는 동안 평생 잊지 못할 거예요.
마지막으로 외계인을 만나고 싶어요. 저는 외계인을 믿어요. 외계인을 만나면 같이 우주여행을 떠날 거예요.
죽기 전에 다 할 수 있을까요? 여러분도 죽기 전에 하고 싶은 일이 있어요?

1. 다음 질문에 답하세요.

① 스테파니 씨는 사막에서 뭐 하고 싶어 해요?
② 스테파니 씨는 외계인을 만나면 뭐 할 거예요?
③ 스테파니 씨는 어디에서 스카이다이빙을 하고 싶어 해요?

2. 여러분은 죽기 전에 무엇을 하고 싶어요?

쓰기

여러분도 죽기 전에 하고 싶은 일을 쓰세요.

♡ 죽기 전에 하고 싶은 일

1.

2.

3.

4.

5.

한국 문화 이모저모

여자 친구에게 구두를 선물해도 돼요?

한국 사람들은 다른 사람에게 선물을 받으면 바로 포장을 뜯고 선물을 봅니다. 그렇게 하는 것이 선물을 받아서 기쁘고 설레는 마음을 보여주는 것이라고 생각합니다. 하지만 중국에서는 선물을 받아도 포장을 바로 뜯지 않습니다. 선물한 사람의 정성을 생각하기 때문입니다. 이렇듯 나라마다 선물을 주고 받는 문화가 다릅니다.

한국 사람들은 사랑하는 사람에게 '손수건'을 선물하지 않습니다. 손수건은 눈물을 닦을 때 사용하므로 손수건을 선물하면 눈물을 닦을 슬픈 일이 생길 것 같다고 해서 선물을 하지 않습니다.

'신발'도 선물로 주고 받지 않습니다. 선물로 받은 신발을 신고 다른 사람에게 도망갈 수 있기 때문입니다. 그리고 자기 자신의 마음이 변했을 때 신발을 거꾸로 신어서 남자 친구나 여자 친구에게 보여 줍니다. 신발의 왼쪽과 오른쪽, 앞과 뒤를 바꿔서 신습니다. 이것은 군대에 간 남자 친구를 기다리다가 마음이 변한 여자에게 "고무신을 거꾸로 신었다."라고 했던 말에서 시작된 재미있는 표현 방법입니다. 그러나 요즘에는 '선물 받은 신발이 좋은 곳으로 데려다 줄 거예요.'라는 좋은 의미로 선물하기도 합니다.

memo*

03 순천에 가려고 하는데 같이 갈까요?

- **학습목표** : 계획하기
- **어　휘** : 계획, 여행
- **문　법** : N(이)랑 / N밖에 / V-는데, A-(으)ㄴ데, N인데 / V-(으)려고 하다 / N(이)나 / V-기(가) A

크리스: 애니 씨, 이번 주말에 뭐 해요?
애　니: 청소나 하려고 해요.
크리스: 이번 주말에 순천에 가려고 하는데 같이 갈까요?
애　니: 좋아요. 순천은 뭐가 유명해요?
크리스: 순천은 갈대가 유명해요.

어휘와 표현

명 사	순천 Suncheon	갈대 reed
	비누 soap	기타 guitar
	드럼 drum	운동화 sneakers, running shoes
	휴일 holiday	만두 Mandu, dumpling
	아르바이트 part-time job	초원 grassland, meadow
	예약 reservation	유학생 international student
	손님 guest	직원 employee
	서울역 Seoul Station	순천만공원 Suncheon Bay Eco Park
	한강공원 Hangang Park	천문대 observatory
	노을 sunset	외국 foreign country
	저희 we	기차 train
동 사	잘하다 be good at	사용하다 to use
	취소하다 to cancel	걸리다 take (time)
	올라가다 to go up	추가하다 add
	환영하다 welcome	
형용사	심심하다 to be bored	
표 현	가위바위보 게임 Rock Paper Scissors	별로 Not much
	미리 beforehand, in advance	천천히 slowly
	그렇군요 Oh, I see.	특별히 particularly

문법 1

N(이)랑

저는 수박이랑 포도를 좋아해요.

방학을 하면 부산이랑 경주에 갈 거예요.

스테파니 씨랑 마리오 씨는 커피를 마시고 있어요.

받침○+ 이랑	책, 공책 → 책이랑 공책
받침×+ 랑	커피, 빵 → 커피랑 빵

1. 쓰세요.

사과, 딸기	사과랑 딸기	비빔밥, 된장찌개	
엄마, 아빠		서울, 제주도	
축구, 농구		모자, 카메라	

2. 〈보기〉와 같이 연습하세요.

보기 점심에 뭐 먹다/순두부찌개, 김밥 가: 점심에 뭐 먹고 싶어요? 나: 순두부찌개랑 김밥을 먹고 싶어요.	가: ________________ ? 나: ________________ .

① 내일 어디에 가다/남산, 명동

② 마트에서 뭐 사다/비누, 우유

③ 주말에 뭐 하다/수영, 농구

④ 방학에 뭐 배우다/기타, 드럼

⑤ ?

문법 2

N밖에

교실에 학생이 1명밖에 없어요.
제 친구는 일본어밖에 못해요.
저는 오렌지 주스밖에 안 마셔요.

받침 ○ + 밖에	비빔밥 → 비빔밥밖에
받침 × + 밖에	친구 → 친구밖에

1. 쓰세요.

운동화	운동화밖에	버스	
2명		교통카드	
3분		500원	

2. 〈보기〉와 같이 연습하세요.

보기 가방 안에 뭐가 있다/지갑 가: 가방 안에 뭐가 있어요? 나: 지갑밖에 없어요.	가: ______________ ? 나: ______________ .

① 상자 안에 뭐가 있다/편지
② 백화점에서 뭐 사다/치마
③ 어제 뭐 하다/숙제
④ 태권도를 잘하다/농구
⑤ ?

문법 3

V-는데 / A-(으)ㄴ데 / N인데

명동에 가는데 같이 갈까요?

내일은 휴일인데 뭐 하고 싶어요?

불고기는 비싼데 맛있어요.

V-는데		V-았/었는데	
받침○+는데	듣다 → 듣는데	ㅏ, ㅗ○+았는데	자다 → 잤는데
받침×+는데	보다 → 보는데	ㅏ, ㅗ×+었는데	먹다 → 먹었는데
받침 ㄹ→×+는데	만들다 → 만드는데	하다+였는데→했는데	운동하다 → 운동했는데
		ㅣ다+었는데→ㅕ는데	마시다 → 마셨는데
		받침 ㄷ→ㄹ+었는데	듣다 → 들었는데
		받침 ㅂ→우+었는데	눕다 → 누웠는데

A-(으)ㄴ데		A-았/었는데	
받침○+은데	많다 → 많은데	ㅏ, ㅗ○+았는데	좋다 → 좋았는데
받침×+ㄴ데	예쁘다 → 예쁜데	ㅏ, ㅗ×+었는데	적다 → 적었는데
받침 ㄹ→×+ㄴ데	길다 → 긴데	하다+였는데→했는데	시원하다 → 시원했는데
받침 ㅂ→우+ㄴ데	맵다 → 매운데	ㅣ다+었는데→ㅕ는데	시다 → 셨는데
있다+는데	맛있다 → 맛있는데	받침 ㅂ→우+었는데	춥다 → 추웠는데
없다+는데	재미없다 → 재미없는데		

N인데		N이었/였는데	
받침○+인데	책 → 책인데	받침○+이었는데	방학 → 방학이었는데
받침×+인데	커피 → 커피인데	받침×+였는데	친구 → 친구였는데

1. 쓰세요.

읽다	읽는데	읽었는데
배우다		
팔다		
많다		
바쁘다		
힘들다		
시원하다		
맛없다		
학생		
친구		
생일		

2. 〈보기〉와 같이 연습하세요.

보기 지금 뭐 하다/비빔밥을 먹다, 맵다 가: 리에 씨, 지금 뭐 해요? 나: 비빔밥을 먹는데 매워요.	가: ______________________? 나: ______________________.

① 지금 뭐 하다/등산을 하다, 덥다

② 요즘 뭐 하다/서예를 배우다, 재미있다

③ 어제 뭐 하다/명동에 가다, 사람이 많다

④ 태권도를 잘하다/1년 동안 배우다, 못하다

⑤ ?

3. 〈보기〉와 같이 연습하세요.

보기 불고기가/비싸다, 맛있다 가: 리에 씨, 불고기가 어때요? 나: 비싼데 맛있어요.	가: ______________________? 나: ______________________.

① 저 가게/작다, 예쁜 물건이 많다

② 떡볶이/맵다, 맛있다

③ 한국어/어렵다, 재미있다

④ 방/좁다, 편리하다

⑤ ?

이야기해 보세요 1

마 리 오: 스테파니 씨, 우리 심심한데 뭐 할까요?
스테파니: 가위바위보 게임을 합시다.
마 리 오: 내일 시험이 끝나는데 뭐 할까요?
스테파니: 바다에서 수영합시다.
마 리 오: 그럼 다음 주에 방학인데 뭐 할 거예요?
스테파니: 고향에 갈 거예요.

	스테파니		
심심하다	가위바위보 게임		
내일, 시험이 끝나다	바다에서 수영하다		
다음 주, 방학이다	고향에 가다		

이야기해 보세요 2

최 지 영: 스테파니 씨, 한국과 호주의 날씨가 어때요?

스테파니: 한국의 겨울은 추운데 호주의 겨울은 시원해요.

최 지 영: 그럼, 한국과 호주의 음식은 어때요?

스테파니: 한국의 음식은 매운데 호주의 음식은 별로 맵지 않아요.

최 지 영: 그럼, 한국과 호주의 교통은 어때요?

스테파니: 한국의 교통은 복잡한데 호주의 교통은 별로 복잡하지 않아요.

	스테파니		
날씨	한국 : 춥다 호주 : 시원하다		
음식	한국 : 맵다 호주 : 별로 맵지 않다		
교통	한국 : 복잡하다 호주 : 별로 복잡하지 않다		

문법 4

V-(으)려고 하다

저는 이번 방학에 독일에 가려고 해요.

저는 수업이 끝나고 나서 책을 읽으려고 해요.

다음 주말에 김치를 만들려고 하는데 같이 만들까요?

받침○+ 으려고 하다	먹다 → 먹으려고 하다
받침×+ 려고 하다	가다 → 가려고 하다
받침 ㄷ→ㄹ + 으려고 하다	듣다 → 들으려고 하다
받침 ㄹ + 려고 하다	팔다 → 팔려고 하다
받침 ㅂ → 우 + 려고 하다	숩다 → 수우려고 하다

1. 쓰세요.

찍다	찍으려고 하다	배우다	
자다		걷다	
살다		눕다	

2. 〈보기〉와 같이 연습하세요.

보기 저녁/ 리우팅 씨, 백화점에 가다 가: 스테파니 씨, 저녁에 뭐 하려고 해요? 나: 리우팅 씨랑 백화점에 가려고 해요.	가: ______________________ ? 나: ______________________ .

① 주말/이모, 제주도에 가다

② 일요일/어머니, 만두를 만들다

③ 내일/동생, 기타를 배우다

④ 이따가/친구, 맥주를 마시다

⑤ ?

문법 5

N(이)나

지금 천 원밖에 없는데 김밥이나 먹을까요?

기숙사에서 잠이나 자려고 해요.

오늘은 날씨가 추우니까 영화나 봅시다.

받침○+ 이나	물 → 물이나
받침×+ 나	학교 → 학교나

1. 쓰세요.

공원	공원이나	마트	
도서관		산	
숙제		볼펜	

2. 〈보기〉와 같이 연습하세요.

보기 저녁에 뭐 먹다/돈이 없다, 라면 가: 스테파니 씨, 저녁에 뭐 먹을 거예요? 나: 돈이 없어서 라면이나 먹으려고 해요.	가: ______________________? 나: ______________________.

① 오늘 뭐 하다/약속이 없다, 숙제

② 점심에 뭐 하다/심심하다, 영화

③ 방학에 어디에 가다/페루는 멀다, 부산

④ 주말에 뭐 하다/날씨가 덥다, 수영

⑤ ?

문법 6

V-기(가) A

요즘은 날씨가 더워서 잠을 자기가 힘들어요.

다리가 아파서 걷기가 불편해요.

우리 집은 마트가 가까워서 살기가 편해요.

받침 ○ + 기(가)	읽다, 쉽다 → 읽기가 쉽다
받침 × + 기(가)	사다, 힘들다 → 사기가 힘들다

1. 쓰세요.

보다, 힘들다	보기가 힘들다	요리하다, 싫다	
배우다, 재미있다		쓰다, 불편하다	
걷다, 편하다		만들다, 어렵다	

2. 〈보기〉와 같이 연습하세요.

보기 한국어/말하다, 쉽다 가: 스테파니 씨, 한국어가 어때요? 나: 말하기가 쉬워요.	가: ______________________? 나: ______________________.

① 전자사전/찾다, 쉽다

② 컴퓨터/사용하다, 편하다

③ 아르바이트/일하다, 힘들다

④ 기숙사/요리하다, 불편하다

⑤ ?

이야기해 보세요 3

크리스: 애니 씨, 지금 사는 집이 어때요?
애　니: 크지 않지만 살기가 편해요.
크리스: 그럼, 학교가 어때요?
애　니: 학교가 멀어서 다니기가 힘들어요.
크리스: 그럼, 한국 음식이 어때요?
애　니: 매워서 먹기가 힘들어요.

	애 니		
지금 사는 집	크지 않지만 살기가 편해요		
학교	학교가 멀어서 다니기가 힘들어요		
한국 음식	매워서 먹기가 힘들어요		
?			

본문

마리오: 리에 씨, 내일은 휴일인데 뭐 할 거예요?

리　에: 리우팅 씨랑 남산에 가려고 해요.
다음 주가 방학이라서 내일밖에 시간이 없어요.

마리오: 그래요? 그럼 이번 방학에 뭐 할 거예요?

리　에: 방학이 짧아서 방학 동안 운동이나 하려고 해요. 왜요?

마리오: 방학 동안 여행을 가려고 하는데 같이 갈까요?

리　에: 어디에 가려고 해요?

마리오: 필리핀에 가려고 해요. 바다에서 수영하고 싶어요.

리　에: 필리핀은 너무 더운데 다른 나라가 어때요?

마리오: 그럼 몽골에 갈까요? 넓은 초원에서 말을 타고 싶어요.

리　에: 몽골은 몽골어를 몰라서 여행하기가 불편할 거예요.

마리오: 그럼 호주는 어때요? 요즘 날씨도 별로 덥지 않아요.

리　에: 하지만 비행기를 10시간 동안 타기가 힘들어요.

마리오: 아이고, 리에 씨, 그럼 어디에 가고 싶어요?

리　에: 강릉에 갑시다. 별로 덥지 않고 멀지도 않아요.

마리오: 알겠어요.

1. 다음 질문에 답하세요.

① 마리오 씨는 이번 방학에 뭘 하려고 해요?

② 리에 씨는 왜 호주에 안 가고 싶어해요?

③ 마리오 씨와 리에 씨는 어디에 갈 거예요?

2. 여러분은 이번 방학에 뭐 하려고 해요?

듣기

1. 잘 듣고 맞으면 ○, 틀리면 × 하세요.

① 작은 침대를 추가하면 3명이 잘 수 있어요. (   )

② 리에 씨는 예약을 취소하고 싶어해요. (   )

③ 리에 씨는 비싸서 예약을 못 했어요. (   )

2. 다음 질문에 알맞은 답을 쓰세요.

① 리에 씨는 언제 제주도에 가려고 해요?

② 호텔 숙박비는 얼마예요?

③ 여행을 가는 사람은 모두 몇 명이에요?

3. 여러분도 손님과 호텔 직원이 되어서 이야기해 보세요.

읽기

여러분 안녕하세요? 저는 스테파니예요.
저는 지난 주말에 순천에 갔어요. 서울에서 순천까지 4시간 반쯤 걸려요. 주말에는 사람이 많아서 미리 예약하고 갔어요.
우리는 순천만공원에 갔는데 갈대가 정말 많았어요. 순천만공원의 갈대는 한강공원에 있는 갈대보다 키가 컸어요.
저는 친구들이랑 천천히 걸으면서 사진을 많이 찍었어요. 사진을 찍고 나서 천문대에 갔어요. 천문대는 산 위에 있었는데 올라가기가 힘들었지만 아주 멋있었어요. 거기에서 사람들이랑 노을을 봤어요. 한국에서 노을을 처음 봤는데 아주 아름다웠어요.
일요일에는 버스를 타고 왔어요. 버스 안에 외국 사람은 우리밖에 없었어요. 버스에서 야경을 보려고 했는데 너무 피곤해서 잤어요. 아주 즐거운 여행이었어요. 시간이 있으면 순천에 또 가고 싶어요.

1. 다음을 읽고 맞으면 ○, 틀리면 × 하세요.

① 순천은 서울에서 기차로 1시간쯤 걸려요. ( )
② 스테파니 씨는 순천에 자주 가서 노을을 봐요. ( )
③ 스테파니 씨는 천문대에 가기 전에 사진을 많이 찍었어요. ( )

2. 다음 질문에 답하세요.

① 순천만공원의 갈대는 어때요?
② 순천에서 무엇을 했어요?
③ 버스에서 무엇을 하려고 했어요?

3. 여러분은 한국에서 여행을 많이 했어요? 어디에 갔어요?

쓰기

여러분은 한국에서 어디로 여행을 갔어요?

한국 문화 이모저모

한국의 국가 정원 순천만

여러분은 '순천'이라는 도시를 알아요?

'순천'은 한국의 전라남도에 있는 바닷가 근처의 도시예요. 순천은 옛날 삼국시대에 '감평군'이라고 불렸고, 고려시대에는 '승평', '승주'로 부르다가 '순천부'가 되어 오늘날의 '순천시'가 되었습니다. 2015년 현재 27만 여 명이 살고 있습니다.

순천에는 여러 관광지가 있는데 그 중에 드넓은 갈대밭을 볼 수 있는 '순천만 자연생태공원'과 '낙안읍성'이 가장 유명하고, 음식으로는 '짱뚱어탕'과 '꼬막정식'이 유명합니다.

'순천'은 2015년 7월에 문화체육관광부와 한국관광공사가 선정한 '한국 대표 관광지 100선'에 선정되었고, 특히 순천만 정원은 대한민국 제1호 국가 정원으로 지정되었습니다. 또한 순천만은 세계 5대 연안습지 중 하나로 2003년에 습지 보호 구역으로 지정되어 많은 사람들이 보존하기 위해 노력하고 있습니다.

2015년 4월에는 KTX 열차가 개통되면서 많은 사람들이 순천을 편리하게 방문할 수 있게 되었습니다. 용산역에서 순천역까지 KTX로 2시간 반 정도 걸리며, 매주 목요일 아침 7시 5분에 용산역에서 출발하여 순천을 관광하고 저녁에 서울로 돌아오는 여행 상품도 있습니다.

memo*

04 수박 대신에 바나나를 살까요?

■ **학습목표 :** 물건 비교하기
■ **어　　휘 :** 쇼핑, 생활
■ **문　　법 :** N에 비해서 / N마다 / N만 / A/V-아/어야 하다/되다 / V-는 대신(에), A-(으)ㄴ 대신(에), N 대신(에) / V-(으)ㄴ N

리 우 팅: 스테파니 씨, 우리 수박을 살까요?
스테파니: 수박은 너무 비싸요.
리 우 팅: 그럼 수박 대신에 바나나를 살까요?
스테파니: 좋아요. 바나나가 수박에 비해서 훨씬 싸네요!

어휘와 표현

명 사	평일 weekday	단계 level
	비밀 secret	단풍 maple
	코코아 cocoa	오므라이스 omelette with rice
	김치볶음밥 Kimchi Fried Rice	할인 discount
	무료 free	광고지 a notice
	오징어 squid	치약 toothpaste
	칫솔 toothbrush	방송 broadcasting
	고객 customer	코너 corner
	평소 usual(ordinary) day	최대 maximum
	목걸이 necklace	가격 price
	날 day	행사 event
동 사	막히다 be stopped[blocked]	출발하다 to leave
	깎다 discount	졸리다 feel sleepy
	남다 be left, remain	서두르다 to hurry, to rush
형용사	특별하다 special	소중하다 precious, valuable
표 현	훨씬 much, far, a lot	% per cent
	사장님 owner, boss	깎아 주세요 discount, please

문법 1, 2

N에 비해서

한국의 날씨는 고향에 비해서 더 추워요.

주말은 평일에 비해서 차가 더 많이 막혀요.

1단계에 비해서 2단계가 어려워요.

1. 쓰세요.

가격	가격에 비해서	주말	
시진		부산	

2. 〈보기〉와 같이 연습하세요.

보기 한국 음식/맵다 가: 한국 음식이 어때요? 나: 한국 음식은 고향 음식에 비해서 매워요.	가: ______________________? 나: ______________________.

① 한국 교통/복잡하다

② 한국 날씨/덥다

③ 한국 옷/예쁘다

④ 한국 과일 값/비싸다

⑤ ?

N마다

저는 주말마다 쇼핑하러 동대문에 갔어요.

10분마다 버스가 출발해요.

사람마다 성격이 달라요.

문법 3

1. 〈보기〉와 같이 연습하세요.

보기 서예를 배우다/수요일 가: 스테파니 씨, 언제 서예를 배워요? 나: 저는 수요일마다 서예를 배워요.	가: ____________________? 나: ____________________.

① 한국어를 공부하다/아침
② 고향에 가다/방학
③ 스키를 타다/겨울
④ 숙제하다/날
⑤ ?

N만

저는 오늘 아침에 사과**만** 먹었어요.
교실에서는 한국어**만** 사용하세요.
아주머니, 1,000원**만** 깎아 주세요.

1. 〈보기〉와 같이 연습하세요.

보기 아침에 뭐 먹다/바쁘다, 우유 가: 스테파니 씨, 아침에 뭐 먹었어요? 나: 바빠서 우유만 마셨어요.	가: ____________________? 나: ____________________.

① 백화점에서 뭐 사다/돈이 없다, 구경
② 어제 뭐 하다/친구가 없다, TV
③ 기숙사에서 뭐 하다/피곤하다, 잠
④ 주말에 뭐 하다/약속이 있다, 친구
⑤ ?

이야기해 보세요 1

최지영: 크리스 씨, 우리 반 친구들이 어때요?
크리스: 스테파니 씨는 리에 씨에 비해서 머리가 길어요.
최지영: 그리고 리에 씨는 애니 씨에 비해서 노래를 잘해요.
크리스: 맞아요! 그리고 저는 토린 씨에 비해서 한국말을 잘해요.
최지영: 아이고, 크리스 씨.
크리스: 하하하. 토린 씨에게는 비밀이에요.

친구 이름	어때요?
스테파니	리에 씨에 비해서 머리가 길다

문법 4

V-아/어야 하다/되다

배가 아프면 병원에 가야 해요.

방에 들어가면 신발을 벗어야 해요.

날마다 운동을 해야 돼요.

ㅏ, ㅗ ○ + 아야 하다/되다	보다 → 봐야 하다/되다
ㅏ, ㅗ × + 어야 하다/되다	씻다 → 씻어야 하다/되다
하다 + 여야 하다/되다 → 해야 하다/되다	숙제하다 → 숙제해야 하다/되다
ㅣ + 어야 하다/되다 → ㅕ + 야 하다/되다	마시다 → 마셔야 하다/되다
받침 ㄷ → ㄹ + 어야 하다/되다	듣다 → 들어야 하다/되다
받침 ㅂ → 우 + 어야 하다/되다	줍다 → 주워야 하다/되다

1. 쓰세요.

기다리다	기다려야 하다/되다	예약하다	
배우다		눕다	
만나다		걷다	

2. 〈보기〉와 같이 연습하세요.

보기 오늘 저녁, 영화를 보다/숙제하다 가: 오늘 저녁에 시간 있으면 같이 영화를 볼까요? 나: 미안해요. 숙제해야 돼요.	가: ________________? 나: ________________.

① 이번 주말, 부산에 가다/남자 친구를 만나다
② 내일, 농구를 하다/청소하다
③ 방학, 여행하다/고향에 가다
④ 금요일, 노래방에 가다/시험공부를 하다
⑤ ?

문법 5

V-는 대신(에) / A-(으)ㄴ 대신(에) / N 대신(에)

단풍이 예쁘니까 바다에 가는 대신 산에 갑시다.
이 식당은 가격이 비싼 대신에 음식이 맛있어요.
사과가 없어서 사과 대신 딸기를 샀어요.

V-는 대신(에)	
받침 ○ + 는 대신(에)	듣다 → 듣는 대신(에)
받침 × + 는 대신(에)	가르치다 → 가르치는 대신(에)
받침 ㄹ → × + 는 대신(에)	살다 → 사는 대신(에)

A-(으)ㄴ 대신(에)	
받침 ○ + 은 대신(에)	많다 → 많은 대신(에)
받침 × + ㄴ 대신(에)	바쁘다 → 바쁜 대신(에)
받침 ㄹ → × + ㄴ 대신(에)	멀다 → 먼 대신(에)
받침 ㅂ → 우 + ㄴ 대신(에)	뜨겁다 → 뜨거운 대신(에)
있다 → 있는 대신(에)	있다 → 있는 대신(에)
없다 → 없는 대신(에)	없다 → 없는 대신(에)

N 대신(에)	
받침 ○ + 대신(에)	냉면 → 냉면 대신(에)
받침 × + 대신(에)	친구 → 친구 대신(에)

1. 쓰세요.

먹다	먹는 대신(에)
기다리다	
만들다	

넓다	
싸다	
따뜻하다	
멀다	
재미있다	
친구	
부산	

2. 〈보기〉와 같이 연습하세요.

보기 박물관에 가다/재미없다, 콘서트에 가다 가: 스테파니 씨, 박물관에 갈까요? 나: 재미없으니까 박물관에 가는 대신에 콘서트에 갑시다.	가: ______________________? 나: ______________________.

① 춤을 추다/피곤하다, 음악을 듣다
② 영화를 보다/머리가 아프다, 산책하다
③ 책을 읽다/졸리다, 농구하다
④ 아이스크림을 먹다/날씨가 춥다, 코코아를 마시다
⑤ ?

3. 〈보기〉와 같이 연습하세요.

보기 명동에 가다/지난주에 가다, 이태원 가: 스테파니 씨, 명동에 갈까요? 나: 지난주에 갔으니까 명동 대신에 이태원에 갑시다.	가: ______________________? 나: ______________________.

① 버스를 타다/길이 막히다, 지하철
② 코코아를 마시다/날씨가 덥다, 팥빙수
③ 맥주를 마시다/머리가 아프다, 물
④ 닭갈비를 먹다/맵다, 오므라이스
⑤ ?

문법 6

V-(으)ㄴ N

작년에 찍은 사진을 보니까 친구들이 보고 싶어요.

어제 본 영화가 너무 무서워서 밤에 잠을 못 잤어요.

이건 제가 만든 가방이에요. 어때요?

받침○+ 은 N	읽다 → 읽은 책
받침×+ ㄴ N	마시다 → 마신 커피
받침 ㄷ → ㄹ + 은 N	듣다 → 들은 노래
받침 ㄹ → × + ㄴ N	만들다 → 만든 책
받침 ㅂ → 우 + ㄴ N	줍다 → 주운 돈

1. 쓰세요.

사다, 옷	산 옷	먹다, 바나나	
남다, 숙제		예매하다, 영화표	
마시다, 주스		눕다, 사람	

2. 〈보기〉와 같이 연습하세요.

보기 어제, 보다, 영화/"스물" 가: 스테파니 씨, 어제 본 영화가 뭐예요? 나: 어제 본 영화는 "스물"이에요.	가: ______________________? 나: ______________________.

① 지난주, 가다, 곳/경주
② 아침, 먹다, 음식/김치볶음밥
③ 작년 생일, 받다, 선물/사전
④ 주말, 만들다, 물건/목걸이
⑤ ?

이야기해 보세요 2

리우팅: 토린 씨, 한국에 와서 본 영화가 뭐예요?
토　린: 한국에 와서 본 영화는 "스물"이에요.
리우팅: 한국에 와서 여행한 곳이 어디예요?
토　린: 한국에 와서 여행한 곳은 부산이에요.
리우팅: 토린 씨, 지난 주말에 한 일이 뭐예요?
토　린: 지난 주말에 한 일은 청소밖에 없어요.

친구 이름	토린			
본 영화				
여행한 곳				
(주말에) 한 일				
만난 사람				
산 물건				
먹은 과일				

본문

DK슈퍼마켓!! 날마다 오세요!!

월	화	수	목	금

20% 할인	20% 할인	50% 할인	10% 할인	30% 할인

* 날마다 빵 1개 무료(먼저 오는 사람 50명)

스테파니: 리우팅 씨, 뭐 보고 있어요?

리 우 팅: 광고지를 보고 있는데 다른 슈퍼마켓에 비해서 물건 값이 아주 싸요.

스테파니: 그래요? 지도 같이 봅시다. 우아! 정말 싸네요!

리 우 팅: 우리 오늘 저녁에 같이 갑시다.

스테파니: 저녁에 가면 좋은 물건이 없을 거예요. 그러니까 일찍 가야 돼요.

리 우 팅: 그래요? 그럼 오전에 갈까요?

스테파니: 좋아요. 그런데 요일마다 싼 물건이 달라요.

리 우 팅: 월요일은 포도와 바나나만 20% 할인하고 화요일은 오징어와 생선만 20% 할인하네요!

스테파니: 우아! 수요일은 과자랑 아이스크림을 50% 할인해요.

리 우 팅: 그럼 오늘은 아이스크림을 삽시다.

스테파니: 날씨가 추우니까 아이스크림 대신에 과자를 삽시다.

리 우 팅: 네, 좋아요.

1. 다음 질문에 알맞은 답을 쓰세요.

① DK슈퍼마켓은 어떤 슈퍼마켓이에요?

② 오늘은 무슨 요일이에요?

③ 두 사람은 무엇을 사려고 해요?

2. 여러분은 DK슈퍼마켓에 가면 무엇을 사고 싶어요?

듣기

1. 잘 듣고 맞으면 ○, 틀리면 × 하세요.

① 오늘은 과일을 모두 할인해요. (　　)

② 1시간에 한 번만 할인해요. (　　)

③ 하루에 10명만 싼 가격에 살 수 있어요. (　　)

2. 다음 질문에 알맞은 답을 쓰세요.

① 마트에서 할인하는 물건은 뭐예요?

② 어디에서 살 수 있어요?

③ 얼마에 살 수 있어요?

3. 여러분도 마트에서 들은 방송이 있어요?

읽기

DK MART
행복한 5월의 특별한 선물
최대 80% 할인
5.1 ~ 5.31
05 : 18
2015 - 09 - 01 화요일
TALK
F
20%
40%
35%
55%
80%
70%
사랑하는 사람에게 소중한 선물을...
5월 10일 일요일은 쉽니다.

1. 다음 질문에 알맞은 답을 쓰세요.

① 며칠부터 며칠까지 할인해요?

② 마트에서 가장 많이 할인하는 물건은 뭐예요?

③ 마트는 언제 쉬어요?

2. 다음을 잘 읽고 맞으면 ○, 틀리면 × 하세요.

① 80% 할인하는 물건도 있어요. ( )

② 휴대폰은 보통보다 20% 더 싸요. ( )

3. 여러분은 여기에서 무슨 물건을 사고 싶어요?
그 물건을 누구에게 선물하면 좋을까요?

쓰기

여러분이 사장님이 되어서 광고지를 만들어 보세요.

한국 문화 이모저모

마트에 갈까요? 시장에 갈까요?

많은 사람들은 대형 마트에서 쇼핑하는 것을 좋아합니다. 대형 마트는 물건의 종류도 많고 가격이 싸면서 한 곳에서 다양한 물건을 구매할 수 있기 때문입니다. 이런 장점들 때문에 사람들은 동네 슈퍼마켓, 편의점, 재래시장보다 대형 마트에 자주 갑니다. 사람들이 많아지면서 대형 마트는 점점 영업시간을 늘려서 24시간 운영을 했습니다. 큰 마트에서 24시간 영업을 하니까 시장과 슈퍼마켓에는 손님들이 없어져서 작은 가게들이 많은 어려움을 느끼게 되었습니다.

그래서 정부에서는 시장과 슈퍼마켓을 돕기 위해서 대형 마트의 영업시간을 제한하였습니다. 대형 마트들은 24시간 영업을 하면 안 되고, 밤 12시까지 운영하며, 한 달에 두 번은 반드시 쉬어야 합니다.

또한 시장과 슈퍼마켓도 편하게 쇼핑할 수 있게 주차장을 넓히고, 상품권을 만들었습니다. 이런 노력으로 시장과 작은 슈퍼마켓을 찾는 사람들이 많아졌습니다.

독일과 영국에서도 대형 마트가 많이 생기는 것을 제한하고 있습니다. 한국처럼 영업시간도 제한하고 있습니다. 그리고 프랑스에서는 마트가 새로 생길 때 주변 시장과 작은 슈퍼마켓의 주인들에게 허락을 구해야 한다고 합니다.

05

마리오 씨는 모델처럼 멋있어요.

■ **학습목표 :** 사람 묘사하기
■ **어　　휘 :** 무늬, 색깔, 착용 동사
■ **문　　법 :** N처럼 / V-고 있다 / A-아/어 보이다 / A/V-아/어서 그렇다

스테파니: 저기 모자를 쓰고 있는 사람이 누구예요?
리 우 팅: 제 친구 마리오 씨예요.
스테파니: 마리오 씨는 어떤 사람이에요?
리 우 팅: 마리오 씨는 모델처럼 멋있어요.

어휘와 표현

명 사	코끼리 elephant	선수 athlete
	개그맨 comedian	공주 princess
	넥타이 tie	회색 gray
	티셔츠 T-shirt	분홍색 pink
	베이지색 beige	스카프 scarf
	보라색 violet, purple	머리띠 headband
	초록색 green	셔츠 shirt
	체크무늬 checkered pattern	하늘색 sky-blue
	블라우스 blouse	결혼식 wedding (ceremony)
동 사	쓰다 wear, put on (hat, glasses …)	끼다 put on (gloves ring …)
	신다 put on (shoes …)	차다 wear, put on (a watch …)
	메다 to carry	매다 tie, put on, wear
	다치다 to be hurt, to be injured	울다 to cry
	잃어버리다 to lose	화장하다 put on make-up
형용사	늙다 be(get, grow) old	건강하다 healthy
	어울리다 match	
표 현	마음에 들다 catch one's eye	목이 마르다 be thirsty
	갑자기 suddenly	방금 a moment ago
	어떻게 How	

문법 1

N처럼

저는 새처럼 하늘을 날고 싶어요.
마리오 씨는 가수처럼 노래를 잘해요.
오늘은 여름처럼 더워요.

받침ㅇ+ 처럼	봄 → 봄처럼
받침×+ 처럼	바다 → 바다처럼

1. 쓰세요.

시장	시장처럼	코끼리	
한국 사람		남자	
할머니		농구 선수	

2. 〈보기〉와 같이 연습하세요.

보기 크리스 씨가 요리를 잘하다/요리사 가: 크리스 씨가 요리를 잘해요? 나: 네, 요리사처럼 잘해요.	가: ______________________? 나: ______________________.

① 기숙사가 편하다/집
② 토린 씨가 재미있다/개그맨
③ 리우팅 씨가 멋있다/배우
④ 애니 씨가 예쁘다/공주
⑤ ?

문법 2

V-고 있다

동생은 우산을 쓰고 있어요.
스테파니 씨는 치마를 입고 있어요.
할머니께서는 장갑을 끼고 계세요.

받침 ○ + 고 있다	신다 → 신고 있다
받침 × + 고 있다	차다 → 차고 있다

1. 쓰세요.

넥타이를 매다	넥타이를 매고 있다	목걸이를 하다	
머리를 묶다		반지를 끼다	
모자를 쓰다		가방을 메다	

2. 〈보기〉와 같이 연습하세요.

보기 리우팅/회색 티셔츠를 입다

가: 리우팅 씨가 누구예요?
나: 리우팅 씨는 회색 티셔츠를 입고 있어요.

가: ____________________?
나: ____________________.

① 리에/분홍색 신발을 신다
② 어머니/베이지색 스카프를 매다
③ 선생님/보라색 머리띠를 하다
④ 남자 친구/초록색 바지를 입다
⑤ ?

이야기해 보세요 1

마리오: 애니 씨, 리우팅 씨가 누구예요?

애　니: 저기 파란 넥타이를 매고 있는 사람이에요.

마리오: 리우팅 씨는 어떤 사람이에요?

애　니: 리우팅 씨는 모델처럼 키가 큰 사람이에요.

마리오: 스테파니 씨가 누구예요?

애　니: 저기 빨간 모자를 쓰고 있는 사람이에요.

마리오: 스테파니 씨는 어떤 사람이에요?

애　니: 스테파니 씨는 가수처럼 노래를 잘하는 사람이에요.

찾는 친구	무엇을 하고 있어요?	어때요?
리우팅	파란 넥타이를 매고 있어요	모델처럼 키가 커요

문법 3

A-아/어 보이다

비빔밥이 아주 맛있어 보여요.

리에 씨가 원피스를 입어서 날씬해 보여요.

토린 씨가 안경을 써서 똑똑해 보여요.

ㅏ, ㅗ○+ 아 보이다	비싸다 → 비싸 보이다
ㅏ, ㅗ×+ 어 보이다	늙다 → 늙어 보이다
하다 + 여 보이다 → 해 보이다	따뜻하다 → 따뜻해 보이다
ㅣ+ 여 보이다 → ㅕ 보이다	시다 → 셔 보이다
받침 ㅂ → 우 + 어 보이다	맵다 → 매워 보이다

1. 쓰세요.

재미있다	재미있어 보이다	길다	
바쁘다		재미있다	
뚱뚱하다		무섭다	

2. 〈보기〉와 같이 연습하세요.

보기 이 영화/무섭다 가: 이 영화가 어때 보여요? 나: 무서워 보여요.	가: ________________? 나: ________________.

① 케이크/맛있다
② 크리스 씨, 요즘/힘들다
③ 북극/춥다
④ 리에 씨, 요즘/젊다
⑤ ?

문법 4

A/V-아/어서 그렇다

마리오: 애니 씨, 왜 울고 있어요?
애　니: 배가 아파서 그래요.

스테파니: 리우팅 씨, 요즘 건강해 보여요.
리 우 팅: 요즘 운동해서 그래요.

ㅏ, ㅗ○ + 아서 그렇다	작다 → 작아서 그렇다
ㅏ, ㅗ× + 어서 그렇다	먹다 → 먹어서 그렇다
하다 + 여서 그렇다 → 해서 그렇다	이사하다 → 이사해서 그렇다
ㅣ + 어서 그렇다 → ㅕ서 그렇다	마시다 → 마셔서 그렇다
받침 ㄷ → ㄹ + 어서 그렇다	걷다 → 걸어서 그렇다
받침 ㅂ → 우 + 어서 그렇다	춥다 → 추워서 그렇다

1. 쓰세요.

많다	많아서 그렇다	보다	
예쁘다		청소하다	
뜨겁다		생각나다	

2. 〈보기〉와 같이 연습하세요.

보기 축구를 안 하다/어제, 다리를 다치다

가: 리우팅 씨, 왜 축구를 안 해요?
나: 어제 다리를 다쳐서 그래요.

가: ________________________?
나: ________________________.

① 밥을 빨리 먹다/배가 고프다
② 휴대폰을 보다/날씨를 모르다
③ 울다/지갑을 잃어버리다
④ 게임을 하다/혼자 있다
⑤ ?

이야기해 보세요 2

▷ 오늘 우리 반 친구들이 어때 보여요?

최 지 영: 스테파니 씨, 오늘 키가 커 보여요.

스테파니: 아! 높은 구두를 신어서 그래요.
최지영 씨도 오늘 예뻐 보여요.

최 지 영: 아~! 화장을 해서 그래요.

친구 이름	어때 보여요?
스테파니	구두를 신어서 키가 커 보여요.
최지영	화장을 해서 예뻐 보여요.

본문

크 리 스: 스테파니 씨, 여기가 홍대예요. 어때요?
스테파니: 우아! 아주 복잡하네요!
크 리 스: 여기는 예쁜 가게도 많고 맛있는 식당도 많아서 그래요.
스테파니: 홍대도 명동처럼 사람이 많네요!
크리스 씨, 우리 저 가게에 가서 구경할까요?
크 리 스: 좋아요. 스테파니 씨, 이 넥타이가 어때요?
스테파니: 크리스 씨가 입고 있는 셔츠에 잘 어울려요.
크 리 스: 스테파니 씨는 마음에 드는 물건이 있어요?
스테파니: 음~! 이 초록색 치마가 어때요?
크 리 스: 체크무늬가 있어서 다리가 짧아 보여요.
스테파니: 그럼 이 보라색 치마는 어때요?
크 리 스: 우아! 날씬해 보여요. 스테파니 씨가 입고 있는 블라우스에도 잘 어울려요.
스테파니: 크리스 씨, 우리 쇼핑하고 나서 커피숍에 갈까요? 목이 말라서 그래요.
크 리 스: 저도 목이 말라요. 저기에 딸기 주스가 아주 맛있는 커피숍이 있어요.
스테파니: 좋아요. 빨리 갑시다.

1. 다음 질문에 답하세요.

① 홍대는 어떤 곳이에요?
② 스테파니 씨가 입고 있는 옷은 뭐예요?
③ 보라색 치마는 어때 보여요?

2. 여러분은 홍대에 가 봤어요? 어땠어요?

듣기

1. 잘 듣고 맞으면 ○, 틀리면 × 하세요.

① 크리스 씨는 리우팅 씨와 만났어요. (　　)

② 최지영 씨는 지금 회사에 있어요. (　　)

③ 리우팅 씨는 모델처럼 멋있어 보여요. (　　)

2. 다음 질문에 알맞은 답을 쓰세요.

① 크리스 씨는 지금 어디에 있어요?

② 최지영 씨는 크리스 씨에게 왜 못 갔어요?

③ 리우팅 씨는 뭘 입고 있어요?

3. 여러분이 한국에서 처음 만난 사람은 누구예요? 그 사람은 어떤 사람이에요?

읽기

안녕하세요? 저는 마리오라고 해요.
멕시코에서 왔어요.
이 사진은 친구들과 작년에 찍은 사진이에요. 우리는 농구를 아주 좋아해서 매일 농구를 했어요.
모델처럼 키가 큰 사람은 리우팅인데 농구를 아주 잘했어요. 그래서 여자 친구들에게 인기가 많았어요.
그리고 안경을 쓰고 있는 사람은 저랑 제일 친한 크리스예요.
크리스와 저는 매일 운동도 같이 하고 공부도 같이 했어요.
크리스는 지금 은행에서 일하는데 요즘은 자주 못 만나요.
어제 크리스가 편지와 사진을 보냈는데 많이 힘들어 보였어요.
아마 은행 일이 너무 바빠서 그럴 거예요.
내년 봄에 크리스가 독일에서 결혼해요. 저는 결혼식에 갈 거예요.
오랜만에 크리스를 만나서 같이 이야기도 많이 하고 싶어요.

1. 다음을 잘 읽고 맞으면 ○, 틀리면 × 하세요.

① 마리오 씨는 옛날에 농구를 매일 했어요. ( )
② 마리오 씨는 크리스 씨를 만났는데 힘들어 보였어요. ( )
③ 마리오 씨와 크리스 씨는 요즘 자주 만나요. ( )

2. 여러분의 친구는 어떤 사람이에요?

쓰기

친구들의 사진을 보고 소개해 보세요.

사진

한국 문화 이모저모

옷을 잘 입는 방법

옷은 춥거나 더울 때 몸을 보호하는 역할도 하지만 자신의 개성을 표현하는 역할도 합니다. 옷을 통해 자신의 개성을 표현하면 더욱 멋져 보일 것입니다. 한국 사람들이 알고 있는 '옷 잘 입는 방법'을 알려 드리겠습니다. 한번 따라해 보세요.

먼저 옷을 잘 입으려면 자신의 몸을 잘 알아야 합니다. 사람마다 키와 몸무게, 팔 길이, 다리 길이가 다르기 때문에 어울리는 옷을 찾으려면 스스로를 객관적으로 볼 수 있어야 합니다. 큰 거울 앞에서 자신의 몸을 천천히 살펴보세요.

두 번째로 패션에 항상 관심을 가져야 합니다. 패션은 유행이 있기 때문에 책을 보거나 길을 걸으면서도 항상 관심을 갖고 노력해야 합니다.

세 번째, 옷을 입을 때 3가지 이상의 색깔을 사용하지 않습니다. 자신의 개성을 나타낼 부부을 정하고 잘 보여 줄 수 있는 색을 사용합니다.

네 번째는 옷을 살 때 입어 보고 사는 것입니다. 옷을 살 때 사이즈가 맞는지 잘 어울리는지 직접 입어 보고 사는 것이 좋습니다.

다섯 번째는 항상 같은 스타일의 옷만 입지 말고 여러 스타일에 도전하는 것입니다.

마지막으로 항상 바른 자세를 유지하도록 노력해야 합니다. 바른 자세가 옷의 장점을 더 잘 보여줄 수 있기 때문입니다. 여러분도 옷을 통해 자신만의 개성을 표현해 보세요.

memo*

06 리에 씨는 지금 방송 중이에요.

■ **학습목표 :** 전화하기 · 제안하기
■ **어　　휘 :** 전화, 메모
■ **문　　법 :** V-는 중이다, N 중이다 / V-(으)ㄹ 생각이다 / V-나요?, A-(으)ㄴ가요?, N인가요? / V-(으)ㄹ N

마 리 오: 여보세요? 저는 리에 씨의 친구인데 리에 씨 있나요?
스테파니: 리에 씨는 지금 방송 중이에요.
마 리 오: 그래요?
스테파니: 메모를 남길까요?
마 리 오: 아니요. 이따가 다시 전화하겠습니다.

어휘와 표현

명 사

메모 note, memo
수료식 completion ceremony
택배 parcel (delivery) service
국제전화 international call
연락처 contact information
영화표 movie tickets
주인공 main character
연구실 laboratory
버튼 button
한복 hanbok, Korean traditional clothes
답장 reply
진동 vibration
코트 coat
내용 contents
팬 fan
상담 counseling

동 사

남기다 to leave, to save
굽다 to roast, to bake
나오다 to come out, to emerge
말씀하다 say, tell
초대하다 to invite
통화하다 to call
끊다 to hang up
찾아오다 to visit, to come
부탁하다 to ask, to request

형용사

필요하다 necessary
급하다 to be urgent

표 현

신호가 가다 the signal is sent, It's ringing
#(우물 정자) the pound key
일이 생기다 something came up
*(별표) asterisk
지역 번호 area code
송별 파티 farewell party

	1	2	3	4	5	…	?
N 장	한 장	두 장	세 장	네 장	다섯 장	…	몇 장

문법 1

V-는 중이다 / N 중이다

지금 도서관에서 책을 읽는 중이에요.

마리오 씨는 지금 통화하는 중입니다.

시험 중에는 휴대폰을 보지 마세요.

받침ㅇ+ 는 중이다	먹다 → 먹는 중이다
받침×+ 는 중이다	외우다 → 외우는 중이다
받침 ㄹ→ × +는 중이다	팔다 → 파는 중이다

1. 쓰세요.

가다	가는 중이다	듣다	
기다리다		먹다	
수업		방학	
통화		운전	

2. 〈보기〉와 같이 연습하세요.

보기 요리하다 가: 지금 뭐 하고 있어요? 나: 지금 요리하는 중이에요.	가: ______________________? 나: ______________________.

① 병원에 가다 ② 책을 찾다

③ 비빔밥을 만들다 ④ 농구하다

⑤ ?

문법 2

V-(으)ㄹ 생각이다

이따가 백화점에 갈 생각이에요.

저녁에 삼겹살을 먹을 생각이에요.

금요일에 스키를 탈 생각인데 같이 갈까요?

받침 ○+을 생각이다	찾다 → 찾을 생각이다
받침×+ㄹ 생각이다	보다 → 볼 생각이다
받침 ㄷ→ㄹ+을 생각이다	걷다 → 걸을 생각이다
받침 ㄹ→×+ㄹ 생각이다	만들다 → 만들 생각이다
받침 ㅂ→우+ㄹ 생각이다	굽다 → 구울 생각이다

1. 쓰세요.

만나다	만날 생각이다	듣다	
배우다		살다	
쓰다		요리하다	

2. 〈보기〉와 같이 연습하세요.

보기 점심, 뭐 먹다/순두부찌개 가: 점심에 뭐 먹을 생각이에요? 나: 점심에 순두부찌개를 먹을 생각이에요.	가: ______________________? 나: ______________________.

① 주말에 뭐 만들다/김치

② 이번 수료식에 뭐 입다/한복

③ 리에 씨의 생일에 뭐 사다/꽃

④ 방학에 뭐 하다/여행

⑤ ?

이야기해 보세요 1

크 리 스: 스테파니 씨, 지금 뭐 해요?
스테파니: 지금 공부하는 중이에요.
크 리 스: 이번 주말에 뭐 할 거예요?
스테파니: 친구들과 놀이공원에 갈 생각이에요.
크 리 스: 언제 결혼할 거예요?
스테파니: 내년에 결혼할 생각이에요.
크 리 스: 10년 후에 어디에서 살고 싶어요?
스테파니: 하와이에서 살고 싶어요.

	스테파니		
지금 뭐 해요?	공부하는 중		
주말에 뭐 할 거예요?	놀이공원		
언제 결혼할 거예요?	내년		
10년 후에 어디에서 살고 싶어요?	하와이		

문법 3

V-나요? / A-(으)ㄴ가요? / N인가요?

리에 씨, 요즘 기타를 배우나요?

이 신발이 비싼가요?

지역 번호가 몇 번인가요?

V-나요?	
받침 ○ + 나요?	듣다 → 듣나요?
받침 × + 나요?	보다 → 보나요?
받침 ㄹ → × + 나요?	만들다 → 만드나요?

A-(으)ㄴ가요?	
받침 ○ +은가요?	많다 → 많은가요?
받침 × + ㄴ가요?	필요하다 → 필요한가요?
받침 ㄹ → × + ㄴ가요?	길다 → 긴가요?
받침 ㅂ → 우 + ㄴ가요?	맵다 → 매운가요?
있다 + 나요?	맛있다 → 맛있나요?
없다 + 나요?	재미없다 → 재미없나요?

A/V-았/었나요?	
ㅏ, ㅗ ○ + 았나요?	좋다 → 좋았나요?
ㅏ, ㅗ × + 었나요?	먹다 → 먹었나요?
하다 + 였나요 → 했나요?	시원하다 → 시원했나요?
ㅣ다 + 었나요 → ㅕㅆ나요?	마시다 → 마셨나요?
받침 ㄷ → ㄹ + 었나요?	듣다 → 들었나요?
받침 ㅂ → 우 + 었나요?	춥다 → 추웠나요?

N인가요?	
받침 ○ + 인가요?	비빔밥 → 비빔밥인가요?
받침 × + 인가요?	국제전화 → 국제전화인가요?

N이었/였나요?	
받침 ○ + 이었나요?	방학 → 방학이었나요?
받침 × + 였나요?	친구 → 친구였나요?

1. 쓰세요.

읽다	읽나요?	읽었나요?
만나다		
날다		
좋다		
소중하다		
뜨겁다		
재미있다		
한복		
연락처		

2. 〈보기〉와 같이 연습하세요.

보기 이 버스가 명동에 가요? → 이 버스가 명동에 가나요?

① 요즘 어떤 드라마를 봐요? →
② 어제 맥주를 마셨어요? →
③ 김치볶음밥이 매워요? →
④ 전화를 끊었어요? →
⑤ 여기가 단국대학교예요? →
⑥ 문화 수업이 수요일이었어요? →

3. 〈보기〉와 같이 연습하세요.

보기 주말, 운동하다/○(×)	
가: 스테파니 씨, 주말에 운동하나요?	가: ____________________?
나: 네, 운동해요. (아니요, 운동 안 해요.)	나: ____________________.

① 내일, 김치를 만들다/○
② 어제, 이 신문을 읽다/×
③ 그 옷이 크다/×
④ 한국 영화가 재미있다/○
⑤ ?

문법 4

V-(으)ㄹ N

주말에 백화점에서 살 물건이 뭐예요?

내일 등산을 가니까 마실 물을 준비하세요.

저녁에 만들 요리는 불고기예요.

받침 ㅇ+을	먹다, 음식 → 먹을 음식
받침×+ㄹ	마시다, 물 → 마실 물
받침 ㄷ→ㄹ+을	듣다, 노래 → 들을 노래
받침 ㄹ→×+ㄹ	살다, 집 → 살 집
받침 ㅂ→우+ㄹ	굽다, 고기 → 구울 고기

1. 쓰세요.

만나다, 친구	만날 친구	읽다, 책	
팔다, 책		준비하다, 물건	
기다리다, 사람		자다, 곳	

2. 〈보기〉와 같이 연습하세요.

보기	
보기 내일, 가다, 곳/에버랜드 가: 내일 갈 곳이 어디예요? 나: 내일 갈 곳은 에버랜드예요.	가: ____________________? 나: ____________________.

① 다음 달, 가다, 곳/제주도

② 저녁, 보다, 영화/해적

③ 주말, 사다, 물건/운동화

④ 이따가, 만나다, 장소/버스정류장

⑤ ?

이야기해 보세요 2

리 에: 오늘 저랑 같이 쇼핑할 사람 있나요?
리우팅: 저요. 그런데 어디에서 쇼핑하나요?
리 에: DK백화점에서 합시다.

애 니: 내일 저랑 여행 갈 사람 있나요?
최지영: 저요. 그런데 어디로 가나요?
애 니: 부산에 갑시다.

이름	뭐 해요?	누구랑 해요?	어디에서 해요?
리에	쇼핑	리우팅	DK백화점
애니	여행	최지영	부산

본문

토　　린: 저한테 영화표가 2장 있는데 오늘 저랑 영화 볼 사람이 있나요?

스테파니: 저요. 그런데 무슨 영화인가요?

토　　린: '비밀'을 볼 생각이에요.

스테파니: '비밀'은 어느 영화관에서 상영하나요?

토　　린: 지금 DK영화관에서 상영 중이에요.

스테파니: '비밀'은 어떤 내용인가요?

토　　린: 우리처럼 젊은 20대 친구들의 이야기예요.

스테파니: 그래요? 그 영화가 재미있을까요?

토　　린: 글쎄요, 아마 재미있을 거예요.

스테파니: 그 영화에 누가 나오나요?

토　　린: 최지우 씨가 주인공인데 정말 귀여워요.
스테파니 씨, 최지우 씨를 좋아해요?

스테파니: 네, 저는 최지우 씨의 팬이에요. 빨리 보러 갑시다.

토　　린: 하하하. 알겠어요.

1. 다음 질문에 답하세요.

① 두 사람은 오늘 어떤 영화를 볼 생각이에요?

② 이 영화는 어떤 내용인가요?

③ 이 영화에는 누가 나오나요?

2. 여러분은 한국에서 무슨 영화를 봤나요? 그 영화는 어땠나요?

듣기

1. 잘 듣고 맞으면 ○, 틀리면 × 하세요.

① 유 선생님은 지금 회의 중이에요. (　　　)

② 타바타 씨는 유 선생님의 친구예요. (　　　)

③ 타바타 씨는 오늘 유 선생님을 못 만나요. (　　　)

2. 스테파니 씨는 어떻게 메모할까요? 다음 메모를 써 보세요.

읽기

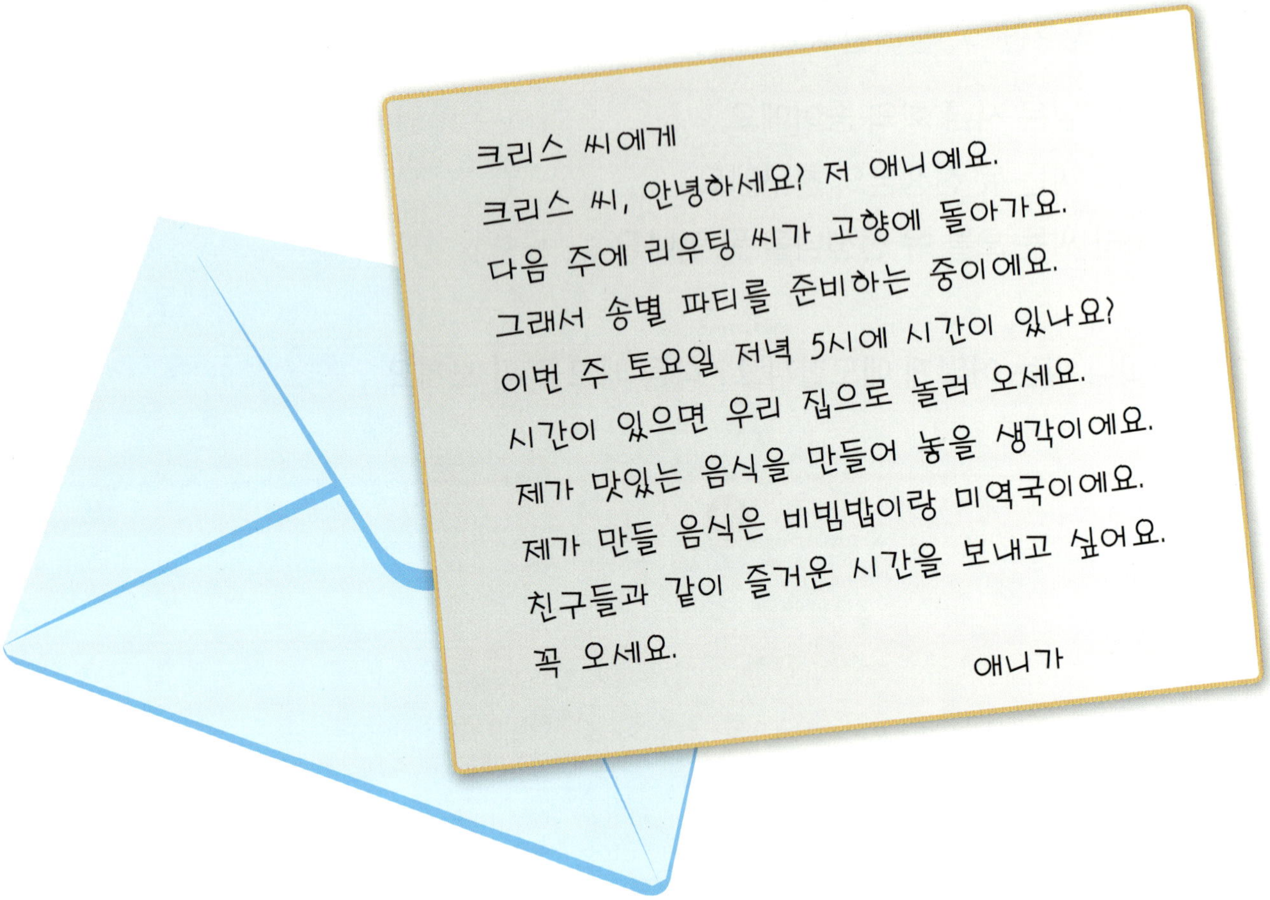

크리스 씨에게

크리스 씨, 안녕하세요? 저 애니예요.
다음 주에 리우팅 씨가 고향에 돌아가요.
그래서 송별 파티를 준비하는 중이에요.
이번 주 토요일 저녁 5시에 시간이 있나요?
시간이 있으면 우리 집으로 놀러 오세요.
제가 맛있는 음식을 만들어 놓을 생각이에요.
제가 만들 음식은 비빔밥이랑 미역국이에요.
친구들과 같이 즐거운 시간을 보내고 싶어요.
꼭 오세요.

애니가

1. 다음 질문에 답하세요.

① 애니 씨와 친구들은 이번 주말에 뭐 할 거예요?
② 애니 씨와 친구들은 언제 만날 거예요?
③ 애니 씨는 무슨 음식을 만들 거예요?

2. 친구를 집에 초대하면 뭐가 필요할까요?

쓰기

여러분도 친구에게 초대장을 써 보세요.

한국 문화 이모저모

거기 사람 있어요? 여기 보세요!

한국은 1900년 대 초에 왕실에서 처음으로 전화기를 사용하기 시작하였습니다. 그리고 요즘은 많은 사람들이 생활필수품으로 휴대폰을 가지고 있습니다. 사람들이 전화를 사용하면서 통화를 할 때도 예절이 생겼습니다. 먼저 전화가 오면 한국 사람들은 "여보세요?"라고 말을 하는데 "여보세요?"는 무슨 뜻일까요?

전화가 처음 생겼을 때 사람들은 전화 안에서 소리가 나는 것을 신기하게 생각했습니다. 전화 안에서 소리가 들려서 전화 안에 사람이 있는 줄 알았습니다. 그래서 전화 안에 있는 사람을 부르려고 "전화 안에 사람이 있어요? 여기 보세요."라고 말을 했습니다. 이렇게 길게 말을 하다가 줄여서 "여보세요?"라고 말을 하게 된 것입니다.

그리고 한국 사람들은 전화를 끊을 때 "들어가세요."라는 인사말도 많이 합니다. 이 말은 전화 안에 있는 사람에게 "집으로 조심히 들어가세요."라는 의미로 사용하는 것이 아닐까요?

07

경주에 가 본 적이 있어요?

■ **학습목표 :** 경험 말하기
■ **어 휘 :** 여행, 생활
■ **문 법 :** A/V-아/어서 큰일이다 / V-(으)면 되다 / V-아/어 보다 / V-(으)ㄴ 적이 있다/없다

크리스: 리에 씨, 경주에 가 본 적이 있어요?
리 에: 아니요, 아직 못 가 봤어요.
경주는 뭐가 유명해요?
크리스: 경주는 불국사와 첨성대가 아주 유명해요.

어휘와 표현

명 사	불국사 Bulguksa Temple	첨성대 Chomseongdae Observatory
	입국 entry, entrance	출국 leave a country, depart from a country
	여권 passport	부동산 real estate
	호떡 hotteok, Sweet Rice and Sugar-filled Korean Pancake	
	죽전역 Jukjeon Station	올레길 Olle Route
	대통령 president	마라톤 marathon
	여의도 Yeouido	벚꽃 cherry blossoms
	여의나루역 Yeouinaru Station	출구 exit
	남이섬 Namiseom Island	강 river
	도자기 ceramics	흙 soil, dirt
	기회 opportunity	

동 사	딸꾹질하다 to have hiccups	피다 bloom
	걱정하다 worry	잊어버리다 forget
	물어보다 ask	

표 현	고장이 나다 break down	살을 빼다 lose weight
	자꾸 repeatedly	KTX Korean Express Train
	꽤 quite	5호선 Subway Line No.5
	방을 구하다 look for a room	

문법 1

A/V-아/어서 큰일이다

비가 오는데 우산이 없어서 큰일이에요.

한 달 동안 눈이 와서 큰일이에요.

고향에 가는데 여권을 잃어버려서 큰일이에요.

ㅏ, ㅗ○+ 아서 큰일이다	가다 → 가서 큰일이다
ㅏ, ㅗ×+ 어서 큰일이다	싫다 → 싫어서 큰일이다
하다 + 여서 큰일이다 → 해서 큰일이다	쇼핑하다 → 쇼핑해서 큰일이다
ㅣ+ 어서 큰일이다 → ㅕ서 큰일이다	마시다 → 마셔서 큰일이다
받침 ㄷ→ㄹ+어서 큰일이다	듣다 → 들어서 큰일이다
받침 ㅂ→우+어서 큰일이다	춥다 → 추워서 큰일이다

1. 쓰세요.

먹다	먹어서 큰일이다	모르나	
멀다		잊어버리다	

2. 〈보기〉와 같이 연습하세요.

보기 여행을 가다, 다리를 다치다/다음에 가다	
가: 마리오 씨, 무슨 일이에요?	가: ______________________?
나: 여행을 가는데 다리를 다쳐서 큰일이에요.	나: ______________________.
가: 그럼 다음에 가세요.	가: ______________________.

① 약속이 있다, 늦잠을 자다/친구에게 전화하다

② 친구가 집에 오다, 집이 더럽다/빨리 청소하다

③ 내일 시험이다, 이 문법을 모르다/선생님께 물어보다

④ 숙제를 하다, 컴퓨터가 고장이 나다/친구에게 빌리다

⑤ ?

문법 2

V-(으)면 되다

8100번 버스는 여기에서 타면 돼요.
방을 구하고 싶으면 부동산에 가면 돼요.
죽전역에서 3번 출구로 나오면 됩니다.

받침ㅇ+ 으면 되다	입다 → 입으면 되다
받침×+ 면 되다	보다 → 보면 되다
받침 ㄷ→ㄹ+으면 되다	걷다 → 걸으면 되다
받침 ㄹ+면 되다	만들다 → 만들면 되다
받침 ㅂ→우+면 되다	줍다 → 주우면 되다

1. 쓰세요.

먹다	먹으면 되다	배우다	
연습하다		듣다	
남기다		운동하다	

2. 〈보기〉와 같이 연습하세요.

보기 버스가 안 오다/지하철을 타다 가: 버스가 안 오는데 어떻게 하면 돼요? 나: 걱정하지 마세요. 지하철을 타면 돼요.	가: ______? 나: ______.

① 살을 빼고 싶다/운동하다
② 드럼을 잘 치고 싶다/연습하다
③ 한국어를 잘하고 싶다/'너랑나랑 한국어'로 공부하다
④ 자꾸 딸꾹질하다/따뜻한 물을 마시다
⑤ ?

이야기해 보세요 1

▷ 친구들이 큰일났어요. 도와주세요.

애　니: 부산에 가는데 버스가 없어서 큰일이에요.

크리스: 걱정하지 마세요. KTX를 타면 돼요.

애　니: 김치찌개를 먹는데 매워서 큰일이에요.

크리스: 걱정하지 마세요. 물을 마시면 돼요.

애　니: 비가 많이 오는데 우산이 없어서 큰일이에요.

크리스: 걱정하지 마세요. 저랑 같이 쓰면 돼요.

애　니: 화장실에 갔는데 휴지가 없어서 큰일이에요.

크리스: 아이고~ 정말 큰일이네요!

	크리스		
부산에 가는데 버스가 없다	KTX를 티면 돼요		
김치찌개를 먹는데 맵다	물을 마시면 돼요		
비가 많이 오는데 우산이 없다	같이 쓰면 돼요		
화장실에 갔는데 휴지가 없다	몰라요!!		

문법 3

V-아/어 보다

호떡을 한번 먹어 보세요. 아주 맛있어요.

지난달에 해운대에 가 봤어요.

작년에 올레길을 걸어 봤는데 정말 멋있었어요.

ㅏ, ㅗ○ + 아 보다	살다 → 살아 보다
ㅏ, ㅗ× + 어 보다	먹다 → 먹어 보다
하다 + 여 보다 → 해 보다	운전하다 → 운전해 보다
ㅣ + 어 보다 → ㅕ 보다	마시다 → 마셔 보다
받침 ㄷ → ㄹ + 어 보다	듣다 → 들어 보다
받침 ㅂ → 우 + 어 보다	눕다 → 누워 보다

1. 쓰세요.

읽다	읽어 보다	걷다	
배우다		가르치다	
쓰다		줍다	

2. 〈보기〉와 같이 연습하세요.

보기	
보기 부산에 가다/○(×) 가: 크리스 씨, 부산에 가 봤어요? 나: 네, 가 봤어요. (아니요, 못 가 봤어요.)	가: ______________ ? 나: ______________ .

① 감자탕을 먹다/×

② 한복을 입다/○

③ 막걸리를 마시다/○

④ 케이크를 만들다/×

⑤ ?

문법 4

V-(으)ㄴ 적이 있다/없다

저는 비빔밥을 먹은 적이 있어요.
태권도를 배운 적이 있어요.
제주도에 가 본 적이 없어요.

받침ㅇ+ 은 적이 있다/없다	읽다 → 읽은 적이 있다/없다
받침×+ ㄴ 적이 있다/없다	만나다 → 만난 적이 있다/없다
받침 ㄷ→ㄹ+은 적이 있다/없다	듣다 → 들은 적이 있다/없다
받침 ㄹ→ ×+ㄴ 적이 있다/없다	살다 → 산 적이 있다/없다
받침 ㅂ→우+ㄴ 적이 있다/없다	줍다 → 주운 적이 있다/없다

1. 쓰세요.

가다	간 적이 있다/없다	운전하다	
먹다		만들다	
쓰다		찍다	

2. 〈보기〉와 같이 연습하세요.

보기 김치찌개를 먹다/ㅇ(×)	
가: 김치찌개를 먹은 적이 있이요? 나: 네, 먹은 적이 있어요. (아니요, 먹은 적이 없어요.)	가: ______________________? 나: ______________________.

① 한국 노래를 부르다/ㅇ
② 태권도를 배우다/ㅇ
③ 야구를 하다/×
④ 막걸리를 마시다/×
⑤ ?

3. 〈보기〉와 같이 연습하세요.

보기 냉면을 먹다/ㅇ(×)	
가: 냉면을 먹어 본 적이 있어요? 나: 네, 먹어 본 적이 있어요. (아니요, 먹어 본 적이 없어요.)	가: ______________________? 나: ______________________.

① 번지점프를 하다/ㅇ
② 바다에서 수영을 하다/ㅇ
③ 대통령을 만나다/×
④ 마라톤을 하다/×
⑤ ?

이야기해 보세요 2

스테파니: 크리스 씨, 식혜를 마셔 본 적이 있어요?
크 리 스: 네, 마셔 본 적이 있어요.
스테파니: 어땠어요?
크 리 스: 달고 맛있었어요.
스테파니: 그럼, 불고기를 만들어 본 적이 있어요?
크 리 스: 아니요, 만들어 본 적이 없어요.
스테파니: 그럼, 한번 만들어 보세요. 쉽고 재미있어요.

	크리스		
식혜를 마시다	○		
불고기를 만들다	×		
태권도를 배우다			
제주도에 가다			

본문

리 우 팅: 스테파니 씨, 여의도에 가 본 적이 있어요?

스테파니: 아니요, 가 본 적이 없어요. 거기는 뭐가 유명해요?

리 우 팅: 여의도는 봄에 벚꽃이 피는데 아주 예뻐요.
그래서 벚꽃 축제가 유명해요.

스테파니: 리우팅 씨도 여의도 벚꽃 축제에 가 봤어요?

리 우 팅: 네, 작년에 가 봤어요.

스테파니: 어땠어요?

리 우 팅: 사람이 너무 많아서 복잡했지만 벚꽃이 정말 아름다웠어요.

스테파니: 우아! 저도 가 보고 싶어요.

리 우 팅: 그래요? 그럼 이번 주말에 같이 갈까요?

스테파니: 좋아요. 그런데 학교에서 여의도까지 어떻게 가요?

리 우 팅: 지하철을 타면 돼요.

스테파니: 어디에서 내려요?

리 우 팅: 5호선 여의나루역에서 내려서 3번 출구로 나가면 돼요.

스테파니: 그럼 토요일 오전 10시에 여의나루역에서 만납시다.

리 우 팅: 네, 좋아요.

1. 다음 질문에 답하세요.

① 리우팅 씨는 언제 여의도에 가 봤어요?

② 여의도 벚꽃 축제는 어땠어요?

③ 두 사람은 주말에 뭐 할 거예요?

2. 여러분은 벚꽃 축제에 가 본 적이 있나요? 어땠어요?

듣기

1. 잘 듣고 맞으면 ○, 틀리면 × 하세요.

① 두 사람은 지난 방학에 부산에 갔어요. ( )

② 마리오 씨는 부산에서 부모님을 만났어요. ( )

③ 마리오 씨는 부산에 가 본 적이 있어요. ( )

2. 다음 질문에 알맞은 답을 쓰세요.

① 두 사람은 방학에 무엇을 했어요?

② 부산에 어떻게 가요? 얼마나 걸려요?

③ 마리오 씨 고향까지 얼마나 걸려요?

3. 여러분은 지난 방학에 무엇을 했어요?

읽기

여러분, 안녕하세요? 저는 크리스라고 해요.
여러분은 남이섬에 가 본 적이 있어요?
저는 지난 주말에 친구들과 남이섬에 가 봤어요. 서울에서 남이섬까지 차로 두 시간쯤 걸려요.
남이섬은 여의도처럼 강에 있는 섬이에요. 그래서 버스에서 내려서 배를 타고 가면 돼요.
저는 남이섬에서 닭갈비를 먹어 봤는데 아주 맛있었어요. 여러분도 한번 먹어 보세요.
저는 밥을 먹고 나서 친구들과 자전거를 탔어요. 그리고 우리는 도자기도 만들었어요. 여러분은 도자기를 만들어 봤어요?
도자기는 흙으로 만든 그릇이에요. 저는 남이섬에서 처음 만들어 봤는데 어렵지만 재미있었어요.
그리고 친구들은 번지점프도 했는데 저는 너무 무서워서 못 했어요.
여러분도 기회가 있으면 남이섬에 한번 가 보세요.

1. 다음 질문에 알맞은 답을 쓰세요.

① 크리스 씨는 어디에 갔어요?
② 크리스 씨는 거기에서 무엇을 했어요?
③ 크리스 씨는 번지점프를 왜 못 했어요?

2. 여러분은 한국에서 무엇을 해 봤어요?

쓰기

여러분은 한국에서 무엇을 해 봤어요?

한국 문화 이모저모

날마다 꽃을 볼 수 있어요!

봄이 되면 꽃이 핍니다. 제일 먼저 작고 노란 '개나리'가 핍니다. 3월 15일 쯤에 피는데 꽃이 피고 나서 초록색 잎이 납니다. 그 뒤에 '진달래'가 핍니다. 진달래 꽃은 개나리보다 크고 분홍색입니다. 진달래 꽃잎으로 '화전'을 만들어 먹습니다. 화전은 찹쌀가루를 반죽해서 작고 동그랗게 만들어 그 위에 진달래 꽃잎을 올려 기름에 부친 것입니다.

봄에는 '벚꽃'도 피는데 벚꽃이 피면 여기저기에서 축제를 합니다. 서울 여의도와 석촌호수, 진해, 제천 등에서 매년 벚꽃 축제를 합니다.

여름에는 무궁화, 연꽃, 해바라기 축제를 합니다. '무궁화'는 한국의 국화인데 7월부터 10월까지 100일 동안 꽃이 핍니다. 가평과 서울에서 하는 축제에 가면 무궁화를 마음껏 볼 수 있습니다.

'연꽃'은 여름에 물이 있는 호수에서 볼 수 있습니다. 연꽃의 뿌리는 물 안에 있지만 꽃은 물 밖에서 핍니다. 그리고 '해바라기'는 햇빛이 잘 들어오는 곳에서 자라는 꽃입니다. 해바라기 축제에 가면 키가 큰 해바라기들을 볼 수 있습니다.

가을에는 코스모스, 국화 축제가 있습니다. '코스모스'는 6월부터 10월까지 피는데 빨간색, 분홍색, 하얀색 꽃이 핍니다. 코스모스는 바람이 불 때 흔들리는데 연약한 여자들을 보고 '코스모스 같은 여자'라고 표현합니다. '국화'는 쌀쌀한 가을이 되면 피는데 꽃의 크기에 따라서 소국, 대국 등으로 분류합니다.

겨울에는 눈꽃 축제를 합니다. 하늘에서 내린 눈으로 마을이 꽃보다 예쁘고 하얗게 뒤덮입니다. 눈꽃은 강원도 여기저기에서 볼 수 있습니다.

memo*

08

크리스 씨는 태권도를 할 줄 알아요.

■ **학습목표** : 능력 표현하기
■ **어　　휘** : 대학 생활
■ **문　　법** : V-(으)ㄹ 줄 알다/모르다 / V-(으)ㄹ래요 / A/V-(으)면 A/V-(으)ㄹ수록 / V-게 되다

크리스: 리우팅 씨, 태권도를 할 줄 알아요?
리우팅: 아니요, 못해요. 크리스 씨는 할 줄 알아요?
크리스: 그럼요. 정말 재미있어요. 같이 배울래요?
리우팅: 좋아요.

어휘와 표현

명 사

문제 problem
설명서 directions, manual
참치김밥 Chamchi gimbap, Gimbap with Tuna
라볶이 Rabokki, Stir-fried Rice Cake with Ramen Noodles
자기소개 self introduction
사투리 dialect
연주회 concert
낙지볶음 Nakji-bokkeum, Stir-fried Octopus

동 사

맞다 to be correct
틀리다 to be wrong
질문하다 to question
대답하다 to answer

표 현

스트레스를 받다 to get stressed
영화를 찍다 make a movie
담배를 끊다 give up smoking
혹시 by any chance
문화 수업 cultural class
몸이 약하다 be weak
요리 학원 a cooking school

	1	2	3	4	5	…	?
N 조각	한 조각	두 조각	세 조각	네 조각	다섯 조각	…	몇 조각

문법 1

V-(으)ㄹ 줄 알다/모르다

저는 김밥을 만들 줄 알아요.

한국에서 혼자 지하철을 탈 줄 알아요.

한국어를 배우기 전에는 한국어 책을 읽을 줄 몰랐어요.

받침 ○ + 을 줄 알다/모르다	신다 → 신을 줄 알다/모르다
받침 × + ㄹ 줄 알다/모르다	요리하다 → 요리할 줄 알다/모르다
받침 ㄷ→ㄹ + 을 줄 알다/모르다	듣다 → 들을 줄 알다/모르다
받침 ㄹ→× + ㄹ 줄 알다/모르다	팔다 → 팔 줄 알다/모르다
받침 ㅂ→우 + ㄹ 줄 알다/모르다	줍다 → 주울 줄 알다/모르다

1. 쓰세요.

찍다	찍을 줄 알다/모르다	먹다	
그리다		날다	
운전하다		쓰다	

2. 〈보기〉와 같이 연습하세요.

보기	
운전하다/○(×), 아직 안 배우다 가: 스테파니 씨, 운전할 줄 알아요? 나: 네, 할 줄 알아요. (아니요, 할 줄 몰라요. 아직 안 배웠어요.)	가: ____________________? 나: ____________________.

① 기타를 치다/○, 아주 잘 치다

② 한복을 입다/×, 안 입어 보다

③ 스파게티를 만들다/○, 아주 맛있다

④ 야구하다/×, 운동을 안 좋아하다

⑤ ?

문법 2

V-(으)ㄹ래요

날씨가 추우니까 삼계탕을 먹을래요.
요즘 이 영화가 유명한데 같이 볼래요?
저는 이 노래를 들을래요.

받침○+ 을래요	읽다 → 읽을래요
받침×+ㄹ래요	마시다 → 마실래요
받침 ㄷ→ㄹ+을래요	걷다 → 걸을래요
받침 ㄹ→×+ㄹ래요	만들다 → 만들래요
받침 ㅂ→우+ㄹ래요	줍다 → 주울래요

1. 쓰세요.

수영하다	수영할래요	걷다	
끊다		살다	
기다리다		눕다	

2. 〈보기〉와 같이 연습하세요.

보기 뭐 마시다/카페모카 가: 뭐 마실래요? 나: 저는 카페모카를 마실래요.	가: ______________________? 나: ______________________.

① 어디에 가다/영화관
② 무슨 책을 읽다/잡지
③ 뭐 먹다/참치김밥이랑 라볶이
④ 뭐 사다/빨간색 티셔츠
⑤ ?

이야기해 보세요 1

사장님: 어서 오세요. 자기소개 한번 해 볼래요?

리 에: 네, 안녕하세요. 저는 리에라고 합니다. 일본에서 왔습니다.

사장님: 리에 씨는 컴퓨터를 할 줄 아세요?

리 에: 네, 컴퓨터를 할 줄 압니다.

사장님: 그러면 영어를 할 줄 아세요?

리 에: 네, 영어를 할 줄 압니다. 호주에서 2년 동안 살았습니다.

사장님: 그럼 중국어도 할 줄 알아요?

리 에: 아니요. 중국어는 할 줄 모릅니다.

사장님: 그럼 운전을 할 줄 알아요?

리 에: 아니요. 운전도 할 줄 모릅니다. 아직 안 배웠습니다.

	리 에		
컴퓨터를 하다	○		
영어를 하다	○		
중국어를 하다	×		
운전을 하다	×		

문법 3

A/V-(으)면 A/V-(으)ㄹ수록

친구는 많으면 많을수록 좋아요.

기타는 배우면 배울수록 어려워요.

사투리는 들으면 들을수록 재미있어요.

받침○+ 으면, 을수록	좋다 → 좋으면 좋을수록
받침×+ 면, ㄹ수록	보다 → 보면 볼수록
받침 ㄷ→ㄹ+으면, 을수록	걷다 → 걸으면 걸을수록
받침 ㄹ + 면, ㄹ→× + ㄹ수록	알다 → 알면 알수록
받침 ㅂ→우+면, ㄹ수록	맵다 → 매우면 매울수록

1. 쓰세요.

먹다	먹으면 먹을수록	급하다	
자다		바쁘다	
멀다		춥다	

2. 〈보기〉와 같이 연습하세요.

보기 한국 음식/먹다, 맛있다 가: 한국 음식이 어때요? 나: 먹으면 먹을수록 맛있어요.	가: ______________________? 나: ______________________.

① 한국어/배우다, 재미있다
② 리우팅 씨/보다, 멋있다
③ 기숙사/살다, 편하다
④ 마리오 씨/알다, 좋은 사람이다
⑤ ?

문법 4

V-게 되다

드라마를 보고 한국어를 배우게 되었어요.
여러분, 만나게 되어서 반갑습니다.
저는 매운 음식을 못 먹었는데 한국에 와서 먹게 되었어요.

받침○+ 게 되다	알다 → 알게 되다
받침×+ 게 되다	떠나다 → 떠나게 되다

1. 쓰세요.

영화를 찍다	영화를 찍게 되다	회사에 다니다	
한국에 오다		기숙사에 살다	
한국 음악을 좋아하다		담배를 끊다	

2. 〈보기〉와 같이 연습하세요.

보기 농구를 잘하다/날마다 연습하다 가: 농구를 잘하네요! 나: 날마다 연습해서 잘하게 되었어요.	가: ______________________? 나: ______________________.

① 된장찌개를 잘 먹다/한국에 오다
② 한국 배우를 많이 알다/한국 드라마를 보다
③ 담배를 안 피우다/건강이 나빠지다
④ 요리를 잘하다/요리 학원에 다니다
⑤ ?

이야기해 보세요 2

애　니: 마리오 씨, 한국에 와서 먹게 된 음식이 뭐예요?

마리오: 된장찌개예요. 멕시코에서는 못 먹었는데 한국에 와서 먹게 되었어요.

애　니: 된장찌개가 어때요?

마리오: 먹으면 먹을수록 맛있어요.

애　니: 그럼 한국에 와서 하게 된 일이 뭐예요?

마리오: 청소예요. 멕시코에서는 안 했는데 한국에 와서 하게 되었어요.

애　니: 청소가 어때요?

마리오: 하면 할수록 힘들어요.

친구 이름	한국에 와서 먹게 된 음식	한국에 와서 하게 된 일
마리오	된장찌개 / 맛있다	청소 / 힘들다

본문

마리오: 리에 씨, 오랜만이에요. 요즘 어떻게 지내세요?
리 에: 저는 요즘 기타를 배우고 있어요.
마리오: 그래요? 재미있어요?
리 에: 열심히 배우고 있는데 배우면 배울수록 어려워요.
마리오: 하하하, 처음에는 힘들지만 열심히 연습하면 잘 치게 될 거예요.
리 에: 어! 마리오 씨, 기타를 칠 줄 알아요?
마리오: 네, 칠 줄 알아요. 이번 주말에 인사동에서 연주회를 하는데 리에 씨도 올래요?
리 에: 우아! 정말요? 저도 갈래요. 마리오 씨가 기타를 치는 모습을 보고 싶어요.
마리오: 연주회가 끝나면 저녁도 같이 먹을래요?
리 에: 좋아요. 뭐 먹을까요?
마리오: 리에 씨, 매운 음식을 먹을 줄 알아요?
리 에: 그럼요. 아주 좋아해요.
마리오: 그럼 낙지볶음을 한번 먹어 볼래요?
리 에: 네, 좋아요.

1. 다음 질문에 답하세요.

① 리에는 요즘 뭐 하고 있어요?
② 마리오 씨는 기타를 칠 줄 알아요?
③ 두 사람은 이번 주말에 뭐 할 거예요?

2. 여러분은 무엇을 할 줄 알아요?

듣기

1. 잘 듣고 맞으면 ○, 틀리면 × 하세요.

① 스테파니 씨는 커피숍에서 일해 본 적이 없어요. (　　)

② 스테파니 씨는 주말에도 일할 수 있어요. (　　)

③ 스테파니 씨는 내일 오후에 커피숍에 갈 거예요. (　　)

2. 잘 듣고 메모하세요.

① 어디에서 : DK커피숍

② 일하는 시간 :

③ 약속 시간 :

3. 여러분은 어떤 아르바이트를 해 봤어요?

읽기

안녕하세요. 저는 마리오예요.
저는 멕시코 사람이에요.
저는 한국에 와서 많은 것을 배우게 되었어요.
그래서 지금은 할 줄 아는 것이 정말 많아요.
먼저, 저는 한국어를 할 줄 알아요. 처음에는 한국어를 할 줄 몰랐는데 열심히 공부해서 잘하게 되었어요. 한국어는 배우면 배울수록 재미있어요.
그리고 저는 태권도도 할 줄 알아요. 단국대학교에서 문화 수업 시간에 배우고 있어요.
태권도를 배우기 전에는 몸이 약했는데 태권도를 배우면서 건강해졌어요.
그리고 저는 기타도 칠 줄 알아요. 제 여자 친구가 좋아해서 배우게 되었어요. 이번 주말에 인사동에서 연주회를 할 거예요.
여러분도 구경하러 올래요? 정말 재미있을 거예요.

1. 다음 질문에 알맞은 답을 쓰세요.

① 마리오 씨는 무엇을 할 줄 알아요?
② 마리오 씨는 태권도를 배우고 나서 무엇이 달라졌어요?
③ 마리오 씨는 왜 기타를 배우게 되었어요?

2. 여러분은 한국에 와서 무엇을 하게 되었어요?

쓰기

여러분은 무엇을 할 줄 알아요? 어떻게 하게 되었어요?

한국 문화 이모저모

여러 가지 자격증

한국에는 많은 자격증이 있습니다. 공부하는 것을 도와주는 자격증, 마음을 살펴보는 자격증, 사라져가는 것을 보존하고 알리는 자격증 등 종류가 다양합니다. 어떤 자격증이 있는지 알아 봅시다.

먼저 공부하는 것을 도와주는 '방과후지도사'는 학교에서 수업시간 후에 학생들을 가르칩니다. '독서논술지도사'와 '독서코칭지도사'는 독서와 글쓰기를 도와줍니다. 그리고 영어와 한자를 오래 기억할 수 있도록 도와주는 '영단어지도사', '한자기억법지도사'와 책을 빨리 읽을 수 있도록 알려주는 '속독법지도사'도 있습니다.

그리고 마음의 상처를 치유해 주는 상담자격증도 있습니다. 사람들이 그린 그림을 보고 마음을 알아보는 '미술심리상담지도사', 다문화 가정을 살펴보는 '다문화가정상담사', 할아버지 할머니들의 마음을 살펴보는 '노인심리상담지도사', 음악과 꽃으로 마음을 살펴보는 '음악심리상담지도사'와 '원예심리상담사' 등이 있습니다.

이 밖에도 한국의 문화유산이 가지고 있는 가치와 의미를 설명해주는 '문화유산해설사', 반려동물에 대한 관리 및 보호를 하는 '반려동물관리사', 한국 고유의 식물과 외국에서 귀화한 식물을 알기 쉽고 재미있게 설명해 주는 '토종식물해설사'도 있습니다. 그리고 올바른 식생활을 도와주는 '식생활교육지도사', 자살을 상담을 통해 예방하는 '자살예방상담사', 장례식을 도와주는 '장례관리사'등이 있습니다.

memo*

듣기 대본

01

안녕하세요. 저는 리우팅이라고 합니다.
저는 중국 사람이에요. 한국어를 공부하러 한국에 왔어요.
우리 가족은 일곱 명이에요. 할아버지와 할머니가 계시고, 아버지와 어머니가 계세요. 그리고 형이 한 명, 누나가 한 명 있어요. 할아버지께서는 화가세요. 성격이 급하지만 친절하세요. 할머니께서는 요리사세요. 부지런하세요. 아버지께서는 의사세요. 조용하세요. 아침에 일어나자마자 공원에서 운동하세요. 어머니께서도 의사세요. 어머니께서는 꼼꼼하고 깔끔하세요. 형은 야구를 아주 좋아해요. 그래서 집에 오자마자 야구하러 나가요. 누나는 일어나자마자 물을 마셔요. 그리고 다이어트를 해서 과일을 많이 먹어요.

02

스테파니: 네, 여보세요?
리 우 팅: 스테파니 씨, 저 리우팅이에요.
스테파니: 안녕하세요? 리우팅 씨, 무슨 일이에요?
리 우 팅: 오늘 토린 씨 생일파티에 같이 갈까요?
스테파니: 오늘이에요? 아이고, 제가 깜빡했어요.
리 우 팅: 이따가 5시에 파티를 해요. 파티에 올 수 있어요?
스테파니: 네, 갈 수 있어요. 그런데 아무 것도 준비를 못 했어요.
리 우 팅: 그러면 같이 선물을 사러 갈까요?
스테파니: 고마워요. 학교 앞에서 4시에 만납시다. 리우팅 씨는 선물을 사 놓았어요?
리 우 팅: 저는 귀여운 모자를 사 놓았어요. 토린 씨가 좋아할 거예요.
스테파니: 그래요? 저도 생일에 귀여운 모자를 받고 싶어요!
리 우 팅: 하하하. 알겠어요.

03

아저씨: 환영합니다. 제주 호텔입니다.
리 에: 안녕하세요. 예약을 하려고 전화했어요.
아저씨: 네~그렇군요! 언제 오실 거예요?
리 에: 다음 주말에 가려고 하는데 방이 있어요?
아저씨: 네, 방이 있어요. 모두 몇 분이세요?
리 에: 모두 세 명이에요. 한 방에서 지내고 싶어요.
아저씨: 그럼 작은 침대를 하나 추가하면 한 방에서 잘 수 있어요.

리　에: 그래요? 모두 얼마예요?
아저씨: 요즘 휴가철이라서 좀 비싸요. 모두 15만원이에요.
리　에: 너무 비싸요. 아저씨, 저희는 유학생이에요.
아저씨: 아..아..알겠어요. 외국 학생이니까 특별히 13만 원 주세요.
리　에: 감사합니다.

04

오늘도 DK마트에 오신 고객 여러분 안녕하세요?
오늘 지하 1층 과일 코너에서 할인 행사를 하고 있습니다.
할인하는 과일은 사과입니다.
사과는 한 상자에 3만 원이었는데 2만 원에 드립니다.
오늘 하루 동안 한 시간마다 할인하고 있습니다.
평소에 비해서 싸니까 서두르셔야 합니다.
할인을 많이 하는 대신에 빨리 오는 사람 10분께만 드립니다.
오늘도 즐거운 쇼핑하세요.
감사합니다.

05

크리스: 여보세요. 최지영 씨, 저예요.
최지영: 아, 크리스 씨~한국에 도착했어요?
크리스: 네, 방금 왔어요. 공항이에요. 최지영 씨는 어디에 있어요?
최지영: 지금 회사예요. 갑자기 회사에 손님이 와서 그래요. 미안해요.
크리스: 그래요? 알겠어요.
최지영: 저 대신에 친구가 갔어요. 친구 이름은 리우팅이에요.
크리스: 그런데 친구를 어떻게 찾아요?
최지영: 리우팅 씨는 초록색 티셔츠와 청바지를 입고 있어요.
그리고 하얀색 모자도 쓰고 있어요. 키가 커서 모델처럼 멋있어요.
크리스: 알겠어요. 사람이 많지만 찾을 수 있을 거예요.
최지영: 저녁에 맛있는 것을 먹읍시다.
크리스: 네~ 이따가 만나요.

06

스테파니: 여보세요. 유 선생님의 연구실입니다.
타 바 타: 저는 유 선생님의 친구 타바타예요. 유 선생님 계세요?
스테파니: 지금 회의 중이세요. 통화할 수 없어요.
타 바 타: 그래요? 회의는 언제쯤 끝나나요?
스테파니: 아마 30분쯤 걸릴 거예요.
타 바 타: 그래요? 그럼 메모 부탁합니다.
스테파니: 네, 말씀하세요.
타 바 타: 약속 시간이 6시인데 7시에 만나고 싶어요. 제가 급한 일이 생겨서 그래요.

스테파니: 7시요. 알겠습니다.
타 바 타: 고마워요.

07

마 리 오: 스테파니 씨, 방학에 뭐 했어요?
스테파니: 부산에 갔어요. 마리오 씨는 부산에 가 봤어요?
마 리 오: 아니요. 안 가 봤지만 들어 본 적은 있어요.
부산은 꽤 먼데 무엇을 타고 가요?
스테파니: 기차를 타고 가면 돼요.
마 리 오: 얼마나 걸려요?
스테파니: 3시간쯤 걸려요. 그런데 마리오 씨는 방학에 뭐 했어요?
마 리 오: 고향에 가서 부모님과 친구들을 만났어요.
스테파니: 고향은 어떻게 가요?
마 리 오: 비행기를 타면 되는데 13시간쯤 걸려요.
스테파니: 아주 머네요!
마 리 오: 네, 힘들었지만 고향 음식도 먹고 친구도 만나서 좋았어요.
스테파니: 우아! 저도 다음 방학에 고향에 가고 싶어요.

08

사 장 님: DK커피숍입니다.
스테파니: 안녕하세요? 아르바이트 광고 보고 전화했어요.
아르바이트 학생을 찾았나요?
사 장 님: 아니요, 아직 못 찾았어요. 혹시 아르바이트를 해 본 적이 있어요?
아르바이트를 해 본 학생이 좋아요.
스테파니: 네, 해 본 적이 있어요.
사 장 님: 얼마 동안 일했어요?
스테파니: 6개월 동안 커피숍에서 일했어요.
사 장 님: 그럼 커피를 만들 줄 알아요?
스테파니: 커피를 만들 줄 모르지만 배우고 싶어요.
사 장 님: 그래요? 우리 커피숍에서 일하면서 배우면 잘하게 될 거예요.
근무시간은 저녁 6시부터 10시까지인데 할 수 있어요?
스테파니: 할 수 있어요. 그런데 주말에도 해야 하나요?
사 장 님: 네, 주말에 손님이 많아서 좀 바빠요.
스테파니: 알겠습니다. 그럼 언제부터 일하면 될까요?
사 장 님: 빠르면 빠를수록 좋아요. 오늘 오후 3시에 한번 와 볼래요?
스테파니: 알겠습니다.

memo*

찾아 보기

ㅈ

ㅊ

ㅋ

ㅌ

지은이 소개*

| 감 수 |

한 정 한

단국대학교 국어국문학과 부교수, 뉴욕주립대학(버팔로) 언어학 박사
〈저서〉 쉽게 읽는 한국어학의 이해, 국어사전학 개론 외 다수

| 필 자 |

유 소 영

단국대학교 국제교육센터(DUGEC) 초빙교수, 단국대학교 한국어교육 박사
〈저서〉 안녕하세요 한국어 1, 2, 3권(4개국어 판), 한국어로 말해요(11개국어 판) 외 다수

고 유 리

DUGEC 강사, 단국대학교 한국어교육 박사과정 수료

이 연 주

DUGEC 강사, 단국대학교 한국어교육 박사

유 선 주

DUGEC 강사, 단국대학교 한국어교육 박사과정 수료

서 민 정

DUGEC 강사, 단국대학교 한국어교육 박사과정 수료

memo*